少年读经典史籍

少年读战国策

李 楠 主编

民主与建设出版社
·北京·

图书在版编目（CIP）数据

少年读战国策 / 李楠主编 . -- 北京：民主与建设
出版社，2020.7

（少年读经典史籍；6）

ISBN 978-7-5139-3072-7

Ⅰ.①少… Ⅱ.①李… Ⅲ.①中国历史—战国时代—
史籍②《战国策》—少年读物 Ⅳ.① K231.04-49

中国版本图书馆 CIP 数据核字（2020）第 102520 号

少年读战国策

SHAONIAN DU ZHANGUO CE

主　　编	李　楠
责任编辑	刘树民
总 策 划	李建华
封面设计	黄　辉
出版发行	民主与建设出版社有限责任公司
电　　话	（010）59417747　59419778
社　　址	北京市海淀区西三环中路 10 号望海楼 E 座 7 层
邮　　编	100142
印　　刷	三河市燕春印务有限公司
版　　次	2020 年 8 月第 1 版
印　　次	2020 年 8 月第 1 次印刷
开　　本	850mm×1168mm　1/32
印　　张	5 印张
字　　数	128 千字
书　　号	ISBN 978-7-5139-3072-7
定　　价	198.00 元（全六册）

注：如有印、装质量问题，请与出版社联系。

秦，指斥向强秦低头的辛垣衍，英气逼人，千古如见。唐代飘逸的诗仙李白，在诗篇中把他引为同调。写唐雎不畏权威，奋力抗争，终使秦王的野心收敛。写邹忌讽齐王纳谏，从身边的琐事悟入，小中见大，由近及远，诱导齐王虚心听取臣民的意见。此外，如写商鞅、范雎、田单、乐毅的政治、军事活动，写赵武灵王胡服骑射，锐意革新，都虎虎有生气，令人难忘。写反面人物，如谗臣王错、奸妃郑袖、暴君宋康王、昏君魏惠王等，则揭露他们的阴险愚昧、两面三刀，使魑魅无处遁形。此书可算得上是我国古代传记文学的光辉开端。

在语言方面，《战国策》的文风别具一格，铺张扬厉，雄浑恣肆，气势磅礴，笔力千钧。行文则波澜起伏，笔势纵放，绝无平铺直叙之笔。涵泳其中，可使我们执笔为文，富于曲折变化，不致板滞不灵。《战国策》中还运用了许多寓言，如"狐假虎威"、"画蛇添足"、"南辕北辙"、"惊弓之鸟"等等，都一直活跃在人们的口头和笔下，表现了强大的生命力。

《战国策》全书共有460章，我们这里选取文字优美、思想健康积极的，加以注释和解析，希望能对广大读者朋友们扩大知识领域、了解祖国优秀的传统文化，养成高尚的道德情操等方面，有所裨益。

前言

　　战国时期，波翻云诡，策士纵横，政治、军事和外交斗争错综复杂，令人目迷五色。但我们在研习这段历史时，却感到材料异常缺乏，其原因是多方面的，一是当时各国对文献的销毁，更为严重的是秦始皇焚书，六国的史籍是焚烧的重点，竹帛烟消，典籍散亡，造成了难以弥补的损失。战国二百数十年间的历史，全靠《战国策》保存了一个梗概，这是极其难得的。我们今天去古已远，尤其应该珍视。

　　在文学方面，《战国策》也是千古传诵的名著，历代许多知名的文学家都受其影响，从中汲取了宝贵的营养。

　　本书创造了众多的人物形象，各种不同身份、不同性格的人都栩栩如生，跃然纸上。

　　纵横家是战国舞台上风头最健的人物，他们不仅对天下大势、各国实力、风土人情、山川险隘了如指掌，还要揣度人主心理，有针对性地提出对策。如书中写苏秦、张仪游说各国，谈锋犀利，舌吐风雷，一席谈话，便使得国君俯首，倾心听从。又如写弹铗而歌的冯谖，为孟尝君焚券市义，赢得薛邑人民的拥护。写陈轸为齐说昭阳，谈言微中，化解了齐、楚之间的一场战祸。特别是书中写了一些品格高尚的人物，形象突出，光彩照人。如写鲁仲连义不帝

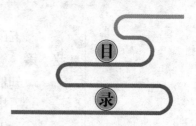

目 录

东周策

秦兴师临周而求九鼎

题　解

九鼎是国家政权的象征，秦兴师求鼎，就是想取代周室，成为天下的新主人。求鼎不是简单的索取几件器物，而是关系到周能否继续存在的大事。周君所患，正在于此。颜率向齐求救，因为齐是东方可以和秦抗衡的强国，所以陈臣思率领的齐兵一出，秦军随即退去。

颜率用献出九鼎作为交换条件，换取齐国出兵，秦兵既退，如何向齐国交代，这又成了新问题。对此，颜率巧设了两道难关：一是九鼎巨大，运输需要数万人，难于解决。二是运送的路线也解决不了。从梁运输吧，梁国君臣早就对九鼎垂涎三尺；从楚运输吧，楚国君臣也是魂牵梦绕，早有问鼎之心。齐王无奈，只好知难而退。颜率巧妙地把违约的责任推给对方，帮助周君化险为夷，躲过一场劫难。

原文

秦兴师临周而求九鼎①，周君患之，以告颜率②。颜率曰："大王勿忧，臣请东借救于齐。"颜率至齐，谓齐王曰："夫秦之为无道也，欲兴兵临周而求九鼎，周之君臣，内自画计③，与秦，不若归之大国④。夫存危国⑤，美名也；得九鼎，厚实也⑥，愿大王图之。"齐王大悦，发师五万人，使陈臣思将以救周⑦，而秦兵罢。

注释

①九鼎：周王室的传国之宝。

②颜率：周臣。

③画计：商量。

④大国：指齐。

⑤危国：指周。时周受秦兵威胁，面临危亡。

⑥实：实际利益。

⑦陈臣思：齐威王的名将田忌。古代田、陈同音。

译文

秦国发兵逼近周境，欲索取周的九鼎。周君感到担忧，就告诉颜率，颜率说："大王不要担心，我愿东到齐国，借兵援救。"颜率到齐，对齐王说："秦国不讲道义，想发兵夺取周的九鼎。周的君臣寻思，与其给秦，还不如给贵国。保存濒危的国家，是美名；得到九鼎，是很实在的利益，希望大王考虑一下。"齐王听罢非常高兴，发兵五万，命大将陈臣思率领救周，秦兵于是撤回。

原 文

齐将求九鼎，周君又患之。颜率曰："大王勿忧，臣请东解之。"颜率至齐，谓齐王曰："周赖大国之义，得君臣父子相保也，愿献九鼎，不识大国何途之从而致之齐？"齐王曰："寡人将寄径于梁①。"颜率曰："不可。夫梁之君臣欲得九鼎，谋之晖台之下②、沙海之上③，其日久矣。鼎入梁，必不出。"齐王曰："寡人将寄径于楚④。"对曰："不可。楚之君臣欲得九鼎，谋之于叶庭之中⑤，其日久矣。若入楚，鼎必不出。"王曰："寡人终何途之从而致之齐？"颜率曰："弊邑固窃为大王患之。夫鼎者，非效醯壶酱甀耳⑥，可怀挟提挈以至齐者；非效鸟集乌飞，兔兴马逝⑦，漓然止于齐者⑧。昔周之伐殷，得九鼎，凡一鼎而九万人之，九九八十一万人，士卒师徒，器械被具⑨，所以备者称此。今大王纵有其人，何途之从而出？臣窃为大王私忧之。"齐王曰："子之数来者，犹无与耳。"颜率曰："不敢欺大国，疾定所从出，弊邑迁鼎以待命。"齐王乃止。

注　释

①梁：即魏。魏惠王迁都大梁（今河南开封市），故魏又称梁。

②晖台：台名。

③沙海：地名，今河南开封西北。

④寄径于楚：由周至齐，并不经过楚国，这是拟议的话。

⑤叶庭：地在今湖北华容。

⑥醯：醋。甀：瓮。

⑦兔兴马逝：比喻轻快。

⑧漓然：水渗流的样子。

⑨被具：运鼎士卒需要准备的器具。

译　文

齐国向东周索取九鼎，周君又担心起来。颜率说："大王不要焦虑，我愿到东方解决此事。"颜率到了齐国，对齐王说："依靠大国的仗义相助，周国上下得以保全，情愿献上九鼎，不知大国从什么途径运到齐国？"齐王说："我打算向梁国借道。"颜率说："不可以。梁国的君臣一心想得到九鼎，在晖台脚下，沙海边上反复策划，日子已经很久了。九鼎一进入梁国，肯定出不来。"齐王说："我就另向楚国借道。"颜率回答说："不行。楚国的君臣为了得到九鼎。在叶庭中密谋，时间也很长了。九鼎一进入楚国，不可能出来。"齐王说:"我要从什么途径才能把它运到齐国呢?"颜率说:"敝国私下替大王担忧。九鼎可不像醋瓶酱罐,可以怀揣手提就到达齐国的,也不像鸟聚鸦飞、兔跑马奔,瞬息就可到达齐国。从前周人攻殷,得到了九鼎,一只鼎用九万人牵引,共用九九八十一万人,而辅助的兵卒和器具,数量与此略等。如今即使大王有这些人,又从哪里经过呢?我私下真为你担忧啊!"齐王说:"你屡次前来,无非不愿把鼎给与齐国罢了。"颜率说:"不敢欺骗大国,请快快决定运送路线,敝国将把鼎迁出,随时待命运走。"齐王只好作罢。

秦攻宜阳

题 解

宜阳是韩国军事重镇。宜阳之战,从秦国方面说,是志在必得;从韩国方面看,是势在必守。战事的结局将会如何?周君和赵累各自从不同的角度进行了分析。

周君认为,宜阳是八里见方的大城,加上有精兵十万,有可用数年的粮储,韩相公仲亲率二十万大军,指挥防御作战,楚将景翠又带领人马,驰赴伏牛山一线,作为声援,这些都是防守的有利条件。周君判断:秦国不可能拿下宜阳。

赵累的看法和周君判断相反，他认为甘茂是从楚国入秦的客籍人士，政治上的升降沉浮，全要看能不能为秦建功立业，必然全力奋战。在秦武王方面，他不顾重臣们的反对，坚持任用甘茂，如果无功而返，将无法面对群臣。所以宜阳必然失守。

周君向赵累问计，该怎么办？赵累建议他向楚军主将景翠进言，最好是静观战局的发展，秦、韩双方必然对楚争相拉拢，楚国便可两面得利。

结局果如赵累所料，秦攻拔宜阳，景翠乘机进兵。于是秦国割地，韩国献宝，景翠深深感激东周给他出了个好主意。

秦攻宜阳①，周君谓赵累曰②："子以为何如？"对曰："宜阳必拔也。"君曰："宜阳城方八里，材士十万③，粟支数年，公仲之军二十万④，景翠以楚之众⑤，临山而救之⑥，秦必无功。"对曰："甘茂羁旅也⑦，攻宜阳而有功，则周公旦也⑧；无功，则削迹于秦⑨。秦王不听群臣父兄之议而攻宜阳⑩，宜阳不拔，秦王耻之。臣故曰拔。"君曰："子为寡人谋，且奈何？"对曰："君谓景翠曰：'公爵为执圭⑪，官为柱国⑫，战而胜，则无加焉矣，不胜则死，不如背秦，秦拔宜阳，公进兵，秦恐公之乘其弊也，必以宝事公；公仲慕公之为己乘秦也，亦必尽其宝。'"

注释

①秦攻宜阳：周赧王七年（前308年），秦武王派甘茂攻宜阳，次年攻克。宜阳位于洛阳西南熊耳山北端，洛水萦带，山坂纡回，是韩国西陲军事要塞，故城在今陕西北洛河北岸韩城镇。

②赵累：周臣。

③材士：有强劲战斗力的士兵。

④公仲：韩相国，名朋。

⑤景翠：楚将。

⑥山：指伏牛山。

⑦甘茂：楚国下蔡（今安徽寿县）人，时为秦左丞相。

⑧周公旦：周文王子，武王弟，佐武王克商。武王死，辅佐成王，长期主持国政。

⑨削迹：除名。

⑩群臣父兄：指秦国贵臣中反对甘茂的樗里疾、公孙郝等人。

⑪执圭：楚国的高级爵位，谓执玉圭（上尖下方的玉器）朝见君主。

⑫柱国：楚国的最高武官。

译文

　　秦国进攻宜阳，周君对赵累说："你认为这场战争的结果如何？"赵累回答道："宜阳必定会被攻破。"周君说："宜阳城方圆八里，拥有十多万勇士，粮食储备几年都吃不完，韩国的相国公仲还有二十万军队，楚国大将景翠又率兵前往救援，秦军必定会无功而返。"赵累答道："甘茂寄居秦国，如果攻下宜阳，他就会像周公旦那样长期执政；如果失败，他也就无法在秦国立足了。秦王不听群臣的意见，执意攻打宜阳，如果宜阳没被攻破，他会感到耻辱。所以我认为宜阳必被攻破。"周君说："你替我想想该怎么办？"赵累说："您可这样对景翠说：'将军的爵位已到了执圭的地步，官职也升到了大司马，就算打了胜仗，也没有什么可加官晋爵的了；如果打了败仗，就难逃一死。不如与秦作对，等秦军攻下宜阳之后你再进兵，秦国会害怕你攻打他的疲惫之师，必定会献出珍宝给你；而韩相公仲也会认为你是为救韩国而攻秦军的，也一定把珍宝全部献上。'"

原文

　　秦拔宜阳，景翠果进兵。秦惧，遽效煮枣①，韩氏果亦效重宝。景翠得城于秦，受宝于韩，而德东周。

①效：献。煮枣：地名，在今山东菏泽西南，乃魏邑，此处恐有讹误。

译文

秦军攻下了宜阳，景翠果然出兵。秦国害怕了，马上献出煮枣城，韩国果然也献出了珍贵的器物。景翠既从秦国夺到了煮枣城，又从韩国得到了珍宝，因此很感谢东周。

西周策

薛公以齐为韩、魏攻楚

前298年，薛公田文率领齐、韩、魏三国攻秦，向西周借兵乞粮。处在齐、秦两大国之间的小小西周难于应付。答应田文，会开罪秦国；如不答应，会使齐国不满，真是两难。

韩庆为西周游说田文，提出了三点：一、停止攻秦，以免让韩、魏壮大。二、由西周转告秦王，释放被拘留的楚怀王，楚国将把东部的淮北之地献给齐国，这对齐有利，田文在薛的封邑也可永保安宁。三、秦国未受削弱，将会对三晋构成威胁，三晋定会更加重视齐国，齐国举足轻重。薛公认为此计大妙，就停止攻秦，向西周借兵求粮的事，也就无形化解。韩庆一石二鸟，既帮西周排忧解难，又使秦国免遭攻打。看来，他既是西周的谋士，也是秦国的说客。

原文

薛公以齐为韩、魏攻楚^①，又与韩、魏攻秦^②，而藉兵乞食于西周。韩庆为西周谓薛公曰^③：“君以齐为韩、魏攻楚，九年而取宛、叶以北以强韩、魏^④，今又攻秦以益之。韩、魏南无楚忧，西无秦患，则地广而益重，齐必轻矣。夫本末更盛，虚实有时，窃为君危之。君不如令弊邑阴合于秦而君无攻，又无藉兵乞食。君临函谷而无攻^⑤，令弊邑以君之情谓秦王曰^⑥：‘薛公必不破秦以张韩、魏，所以进兵者，欲王令楚割东国以与齐也^⑦。’秦王出楚王以为和^⑧，君令弊邑以此惠秦，秦得无破而以楚之东国自免也，必欲之。楚王出，必德齐，齐得东国而益强，而薛世世无患。秦不大弱而处之三晋之西^⑨，三晋必重齐。”薛公曰：“善。”因令韩庆入秦，而使三国无攻秦，而使不藉兵乞食于西周。

注释

①薛公以齐为韩、魏攻楚：薛，齐邑，故城在今山东滕县南四十里。齐威王封少子田婴于薛，子田文袭封，故称薛公。此薛公指田文。为：与。

②又与韩、魏攻秦：秦昭王八年（前299年），田文入秦为相，不久受谗被囚，次年逃回齐国，任齐相。田文怨秦，因而和韩、魏攻秦。

③韩庆：西周臣。

④宛、叶以北：指今河南襄城、鲁山一带。宛，今河南南阳。叶，在今河南叶县南三十里。

⑤函谷：秦关，在今河南灵宝北三十里。

⑥秦王：指秦昭王。

⑦东国：自今河南郾城以东，沿淮北至泗上一带。

⑧出楚王：前299年，秦约楚怀王在武关相会，怀王被执入秦。

⑨三晋：韩、赵、魏三家分晋，故称三晋。

译文

薛公利用齐国和韩、魏攻打楚国，又和韩、魏攻秦，并向西周借兵求粮。韩庆为西周对薛公说："您利用齐国和韩、魏攻楚，历时九年，取得宛、叶以北的地方，使韩、魏强大起来，现在又通过攻秦来增强他们的力量。韩、魏南边不担心楚国，西边不担心秦国，于是土地扩大，地位提高，齐国必受到轻视。事情的本末和虚实经常是互相变换的，我私下为您感到不安啊。您不如让敝国暗地和秦国联合而您不去攻打秦国，也不向敝国借兵求粮。您兵临函谷关下，不要展开进攻，让敝国把您的想法告诉秦王说：'薛公定不会破秦来扩张韩、魏的势力，他之所以向秦国进兵，为的是让大王把楚的东国地区割给齐国啊。'秦王释放楚王回国，两国讲和，您让敝国以此讨好秦国，秦国不受破坏而可以用楚的东国来免

除自己的战祸，定会同意。楚王被释，定会感激齐国。齐得
到楚的东国会更加强大，薛邑也可以累世无忧。秦国未受重
大削弱而处在三晋的西方，对三晋构成威胁，三晋必然重视
齐国。"薛公说："很好。"就叫韩庆到秦国去，同时停止了三
国攻秦的行动，也不再向西周借兵求粮。

雍氏之役

题 解

　　前 300 年，楚兵攻打韩国的雍氏，韩向西周征兵调粮。
周君派人向秦求助，又向苏代问计。苏代替周君游说韩相国
公仲，说是楚军主将昭应在出发前，曾经保证，一月之内必
能拿下雍氏，时间已过五月，未能攻下，楚王的信心已经动
摇。韩如在此时向周征兵征粮，无异公开宣布自己兵力不足，
楚王定将增派援军，雍氏必难守住。不如把高都还给西周，
周将倒向韩国，秦将与周断交，韩、周合二为一，加强了韩
的防卫力量，岂不甚妙。公仲采纳了苏代的意见，雍氏也终
于守住。

　　苏代的活动，使西周没有任何付出，反而得到高都，周
君的喜悦，可想而知。

少年读战国策

原文

　　雍氏之役①，韩征甲与粟于周②，周君患之，告苏代③。苏代曰："何患焉？代能为君令韩不征甲与粟于周，又能为君得高都④。"周君大悦曰："子苟能，寡人请以国听。"

注释

　　①雍氏：韩邑，在今河南禹县东北。

　　②甲：指兵卒。

　　③苏代：河南洛阳人，姚本注为苏秦之兄，鲍本注为苏秦之弟。

　　④高都：韩邑，在今河南伊阙南。

译文

　　在雍氏这场战役发生时，韩国向周国征调兵士和粮食，周君感到为难，告诉苏代。苏代说："有什么好担忧的？我可以替您叫韩国不向你征调兵士和粮食，又能让您得到高都。"周君非常高兴，说："你如能办成，我愿意把国家大政交给你管理。"

原文

　　苏代遂往见韩相国公仲曰①："公不闻楚计乎？昭应谓楚王曰②：'韩氏罢于兵③，仓廪空，无以守城，吾收之以饥，不过一月必拔之。'今围雍氏五月不能拔，是楚病也④，楚王

14

始不信昭应之计矣；今公乃征甲及粟于周，此告楚病也。昭应闻此，必劝楚王益兵守雍氏，雍氏必拔。"公仲曰："善。然吾使者已行矣。"代曰："公何不以高都与周？"公仲怒曰："吾无征甲与粟于周，亦已多矣。何为与高都？"代曰："与之高都，则周必折而入于韩，秦闻之，必大怒而焚周之节⑤，不通其使，是公以弊高都得完周也，何不与也？"公仲曰："善。"

注释

①公仲：韩相国公仲朋。

②昭应谓楚王：昭应，楚将。楚王，怀王。

③罢：疲惫。

④病：困。

⑤焚周之节：焚节表示绝交。节，符节，使臣所执。

译文

苏代就去见韩相公仲，说："您没有听说楚国的打算吗？楚臣昭应对楚王说：'韩国受到战争的消耗，仓库空虚，没有办法防守，我乘它饥饿的时机，要不了一个月，必定拿下来。'现在围攻雍氏已有五月，还不能拿下，楚国感到难办，楚王已经开始不相信昭应的说法了。如今您却向周国征兵调粮，这分明是告诉楚国，韩国已经很危急了。昭应听到这个消息，一定会劝说楚王增加兵力包围雍氏，雍氏必被拿下。"

公仲说:"好。可是我向周国派出的使者已经动身了。"苏代说:"你为什么不把高都送与周国呢?"公仲生气地说:"我不向周国征调兵士和粮食,就算很好了!为什么还要把高都送给它呢?"苏代说:"把高都送给周国,那么它必然转而投向韩国。秦国听说,一定非常恼怒,就会烧掉周国的信物,不接纳它的使臣。这是你用残破的高都换得一个完整的周国,为什么不给他呢?"公仲说:"好。"

原 文

不征甲与粟于周而与高都,楚卒不拔雍氏而去。

译 文

于是韩国不向周国征调兵士和粮食,却给了它高都,楚国的军队最终未能拿下雍氏,就撤军了。

苏厉谓周君

题 解

前281年,秦昭王打算派白起攻梁。消息传出,苏厉面见周君,指出梁破则周危,最好让这事消弭在萌芽状态中。周君于是派他往见白起。

苏厉用旁敲侧击的方法，告诉白起，即使像养由基那样百发百中的人，当他精力疲敝时，也会一发不中而前功尽弃，如今你的情况，正好与此类似，不如请病假，不接受这次任务，还可保住已有的名声。一场迫在眉睫的大战，就此烟消云散。

原　文

苏厉谓周君曰[①]："败韩、魏，杀犀武[②]，攻赵，取蔺、离石、祁者[③]，皆白起[④]，是攻用兵，又有天命也。今攻梁，梁必破，破则周危，君不若止之。谓白起曰：'楚有养由基者[⑤]，善射，去柳叶者百步而射之，百发百中，左右皆曰善。有一人过曰，善射，可教射也矣。养由基曰，人皆曰善，子乃曰可教射，子何不代我射之也？客曰，我不能教子支左屈右[⑥]。夫射柳叶者，百发百中而不已善息[⑦]，少焉气力倦，弓拨矢钩，一发不中，前功尽矣。今公破韩、魏，杀犀武，而北攻赵，取蔺、离石、祁者，公也。公之功甚多。今公又以秦兵出塞[⑧]，过两周，践韩而以攻梁，一攻而不得，前功尽灭，公不若称病不出也。'"

注　释

①苏厉：苏秦弟。

②武：魏将。

③蔺、离石、祁：蔺，今山西离石西。离石，今山西离石，祁，今山西祁县。

④白起：秦将，郿（今陕西郿县）人，以功封武安君。

⑤养由基：春秋时楚国善射的人。

⑥支左屈右：左手支弓，右手弯曲，引箭射出。左右，指左右手。

⑦已：同"以"。

⑧塞：指伊阙塞，在今河南洛阳市南。

译文

苏厉对周君说："打败韩、魏联军，杀掉魏将武，攻下赵国的蔺、离石、祁三城的，都是秦将白起，这是他善于用兵，又有上天保佑的缘故啊。如今攻打魏国，魏国定被攻破，魏破则周岌岌可危，你不如设法制止他。可向白起说：'楚国有个叫养由基的人，是射箭高手，能够百步穿杨，百发百中，旁边的人都说他射技高明。有一人从这里经过说，射得好，可以接受射箭的教育了。养由基说，别人都说好，你却说够条件接受训练，你怎么不代我射它一下呢？这人说，我不能教你左右手如何具体操作。即使百步穿杨，不能及时休息，不久身体疲倦，便会弓箭歪斜，一发不中，从前的努力都白费了。如今击破韩、魏，杀掉犀武，向北攻取赵国，拿下蔺、离石、祁的，都是您，您的功劳很大。现在又率领秦兵出关，经过东、西两周，侵韩攻魏，一战不胜，就前功尽弃了，您最好还是请病假不要出来吧。"

秦　策

卫鞅亡魏入秦

　　本章文字简洁，是一篇商鞅略传。首言商鞅由魏入秦，受到孝公重视，尊宠任职。接叙商鞅治秦的原则是："公平无私，罚不讳强大，赏不私亲近"，一切按照法令的规定办。变法周年之后，所取得的效果是："道不拾遗，民不妄取，兵革大强，诸侯畏惧。"社会秩序井然，提高了秦的军威和国威。

　　后半部分，写孝公临终前，打算传位给商鞅，这表现出他们君臣关系的融洽，并反映了当时的禅让之风。

　　在秦惠王即位后，由于商鞅功高震王，相权和君权发生严重冲突，终致被杀。结尾说商鞅车裂而秦人不加同情，正和上文商鞅执法"刻深寡恩"相呼应。

原文

卫鞅亡魏入秦①，孝公以为相②，封之于商③，号曰商君。商君治秦，法令至行，公平无私，罚不讳强大，赏不私亲近。法及太子，黥劓其傅④。期年之后⑤，道不拾遗，民不妄取，兵革大强，诸侯畏惧。然刻深寡恩，特以强服之耳。

注释

①卫鞅：商鞅，本卫国的公子，故称卫鞅。

②孝公以为相：秦孝公，名渠梁，前361～前338年在位。他用卫鞅为左庶长，实行变法。鞅后因功升大良造，执掌国政，此"为相"指为大良造而言。秦正式设相在武王时，孝公时尚未设相。

▲ 商 鞅

③商：故城在今陕西商县东九十里。

④黥劓其傅：指卫鞅因太子犯法，刑其傅公子虔，黥其师公孙贾。黥、劓，刻面、割鼻，为古代酷刑。

⑤期年：一年。

译文

卫鞅从魏国逃亡到秦国，秦孝公任命他为丞相，把商地分封给他，号称"商君"。商君治理秦国，法令贯彻，公正而没有偏私，行罚不避让有地位的人，行赏不偏向关系亲近的人。法令执行到太子头上，对太子师傅处以刻面割鼻之刑。法令实施一年之后，掉在地上的东西无人去拾，民众都不取非法的东西，兵力非常强大，诸侯都感到害怕。但是商君刻薄少恩，只不过是用强力压服而已。

原文

孝公行之八年①，疾且不起，欲传商君，辞不受。孝公已死，惠王代后，莅政有顷，商君告归。

注释

①孝公行之八年："八"上应有"十"字。秦孝公六年，用卫鞅为左庶长，下令变法至二十四年卒，正好十八年。

译文

秦孝公用商鞅推行法令十八年，重病将死，想把君位传给商君，他推辞不肯接受。秦孝公死后，秦惠王继承君位，执政不久，商君要求回到自己的封地。

原文

人说惠王曰："大臣太重者国危，左右太亲者身危。今秦妇人婴儿皆言商君之法，莫言大王之法，是商君反为主，大王更为臣也。且夫商君固大王仇雠也，愿大王图之。"商君归还，惠王车裂之①，而秦人不怜。

①车裂：肢解身体的酷刑。

译 文

有人对惠王说："大臣权势过重会危害到国家；身边的人过分亲近会危害到自己。现在秦国的男女老少都只说商君的法令，没有谁说是大王的法令，这样商君就成了主人，大王反而成为臣子了。况且商君本是大王的仇人，希望大王想办法对付。"商君从封地回到首都，惠王对他处以五马分尸的酷刑，秦国民众没有谁可怜他。

苏秦始将连横

题 解

苏秦说秦惠王的话，主旨在揭出秦国的有利条件：有四塞之固，民富国强，兵精粮足，具有"并诸侯，吞天下"的潜力，希望秦王能用他来完成这个伟业。秦王则用毛羽未丰，时机尚未成熟，加以推辞。

苏秦在秦国很不得意，貂裘破损，床头金尽。归家之后，又受尽家人白眼。好在他家富有藏书，从数十箱书中，拣出太公《阴符》之谋，头悬梁，锥刺股，发愤苦读。一年之后，自我感觉良好，认为可以出去游说各国君王了。

他和赵王的一席谈话，非常契合，约纵散横，左右时局，由布衣而为卿相，成为政治舞台上一颗耀眼的新星。这中间有机缘的巧合，更离不开辛苦的耕耘。

原　文

苏秦始将连横，说秦惠王曰①："大王之国，西有巴、蜀、汉中之利②，北有胡貉、代马之用③，南有巫山、黔中之限④，东有肴、函之固⑤。田肥美，民殷富，战车万乘，奋击百万⑥，沃野千里，蓄积饶多，地势形便，此所谓天府，天下之雄国也。以大王之贤，士民之众，车骑之用，兵法之教，可以并诸侯，吞天下，称帝而治。愿大王少留意，臣请奏其效。"

注　释

①苏秦：字季子，战国时东周洛阳人，纵横家的代表人物之一。连横：联合六国共同事秦。说：游说。战国时策士们用谈话说动国君采纳自己的主张。

②巴、蜀：地名，巴指今重庆一带，蜀指今四川西

▲苏　秦

部。汉中：地名，今陕西南部及湖北西部。

③胡貉：北方游牧民族，分布在今内蒙古南部。代马：地名，代郡、马邑，在今山西东北部。

④巫山：山名，今重庆巫山东。黔中：郡名，今湖南西部常德地区一带及贵州东北部。

⑤肴：或作"崤"、"殽"，山名，在今河南洛宁北。函：关名，即函谷关，在今河南灵宝东北。

⑥奋击：能奋勇击敌的战士。

译文

苏秦开始用连横的主张去游说秦惠王道："大王的国家，西边有巴、蜀、汉中的物产可供利用，北边有胡、代地区可提供战备，南有巫山、黔中的险地，东有崤山、函谷关坚固的要塞。土地肥沃，人民众多而富足，拥有战车万辆，精兵百万，良田纵横千里，粮食储备丰富，地理形势便于攻守，这真是人们所说的天然府库，确实是天下的强国啊！凭着大王的贤能，军民的众多，战备的充实，战士的训练有素，完全能够兼并诸侯，统一天下，成为治理天下的帝王。希望大王稍加留意，让我向您陈述如何可以取得重大效果。"

原文

秦王曰："寡人闻之，毛羽不丰满者，不可以高飞；文章不成者①，不可以诛罚；道德不厚者，不可以使民；政教不顺者，不可以烦大臣。今先生俨然不远千里而庭教之，愿以异日。"……

注释

①文章：此指法度。

译文

秦惠王道："我听说，毛羽长得不丰满的鸟儿不能高飞；法制不健全的国家不能实施刑罚；道德不高尚的人不能役使百姓；政教不上轨道的不能拿战争来劳烦大臣。现在先生郑重地不远千里而来，亲临指教，我希望日后再来领教。"……

原文

说秦王书十上而说不行。黑貂之裘弊①，黄金百斤尽，资用乏绝，去秦而归。嬴滕履跻②，负书担橐，形容枯槁，面目犁黑，状有归色③。归至家，妻不下纴，嫂不为炊，父母不与言。苏秦喟然叹曰："妻不以我为夫，嫂不以我为叔，父母不以我为子，是皆秦之罪也。"乃夜发书，陈箧数十，得太公《阴符》之谋④，伏而诵之，简练以为揣摩。读书欲睡，引锥自刺其股，血流至足。曰："安有说人主不能出其金玉锦绣，取卿相之尊者乎？"期年，揣摩成，曰："此真可以说当世之君矣。"

注释

①黑貂：身体细长，皮毛珍贵。

②赢：缠绕。縢：绑腿布。蹻：草鞋。

③犁黑：同"黧黑"。归：通。"愧"。

④太公《阴符》：姜太公，周初的开国功臣姜尚，被封于齐，是齐国始祖。《阴符》，相传是他所写的讲兵法权谋的书。

苏秦游说秦王的奏章先后上了十次，意见始终未被采纳。他穿的黑貂皮衣破旧了，百斤金属货币也用光了，生活费用失去了来源，只好离开秦国回家。他腿上缠着绑腿，脚穿草鞋，背着书箱，挑着行李，神情憔悴，面色黄黑，脸上显出羞愧的神色。回到家里，正在织布的妻子不下机迎接，嫂子也不肯给他烧火做饭，父母也不和他讲话。苏秦长叹道："妻子不把我当作丈夫，嫂子不把我当作小叔，父母不把我当作儿子，这都是苏秦的过错啊。"当天晚上取出藏书，打开了几十个书箱，找到一部姜太公写的叫做《阴符》的谋略书，于是埋头苦读，选择精要处反复钻研。当读书困倦，睡意袭来的时候，他就用锥子猛扎自己的大腿，鲜血流到了脚下。他自言自语地说："哪里还会有游说列国君主而不能让他们拿出金玉锦绣、取得卿相高位的呢？"经过一年努力，苏秦钻研有得，感觉良好，他说："这下真的可以说服各国在位的君主了。"

原　文

于是乃摩燕乌集阙①，见说赵王于华屋之下，抵掌而谈②。赵王大悦，封为武安君，受相印，革车百乘，锦绣千纯，白璧百双③，黄金万溢④，以随其后。约从散横，以抑强秦。

注释

①燕乌集阙：古关塞名，今地不详。

②抵：击，拍。

③璧：圆形的玉器，中有小圆孔。

④溢：同"镒"，重量单位，二十两为一镒（一说二十四两）。

译文

于是苏秦取道燕乌集阙，在华丽的宫殿里游说赵王，谈得甚是投机。赵王非常高兴，封他为武安君，赐给他相印，并赐给他兵车百辆，锦缎千匹，白璧百双，黄金万镒，跟随在他身后，联络东方各国建立合纵联盟，瓦解连横阵线，用以对付强大的秦国。

名医扁鹊见秦武王

题解

扁鹊是传说中的名医，他精通医术，救人无数。山东微山两城山曾出土东汉时《扁鹊针灸行医图》的浮雕画像石，可见他的事迹流传久远，深入人心。

扁鹊本是春秋末年人，距离秦武王已有一百五十多年，本文所写的是一则寓言。

文中写秦武王请扁鹊治病，却又听臣子的话，干扰扁鹊的诊治，引起了扁鹊的愤慨。目的在于说明，办事不能在"与知之者谋之"的时候，又去让"不知者败之"，不然，只会把事情弄糟。以此治病会害死人，以此治国会导致亡国。做事让不懂行的人指手划足，必将出现问题。

原文

医扁鹊见秦武王①，武王示之病，扁鹊请除。左右曰："君之病在耳之前，目之下，除之未必已也，将使耳不聪，目不明。"君以告扁鹊。扁鹊怒而投其石曰②："君与知之者谋之③，而与不知者败之④。使此知秦国之政也，则君一举而亡国矣。"

注释

①扁鹊：姓秦名越人，春秋战国间的名医。秦武王：秦惠王子，名荡。

②石：针石，治病的工具。

③知之者：指懂得医术的扁鹊。

④不知者：指秦王身边不懂医术的人。

译文

医生扁鹊拜见秦武王，武王谈了自己的病情，扁鹊愿意给他治病。武王身边的人说："大王的病，在耳朵的前面，眼睛的下面。治疗它未必能治好，将让听力受损，视力模糊。"武王告诉扁鹊。扁鹊生气地丢掉用来治病的针石，说："您向懂得病情的人求教，而让不懂得病情的人从中破坏。要是秦国的政治也如此，那么您将会亡国的。"

甘茂亡秦且之齐

题 解

本章写苏子为甘茂奔走秦、齐之间，使他们都重视甘茂，甘茂得以重获要职。

甘茂是才智之士，他在离秦往齐的途中，恰好遇到苏子。甘茂用江上处女和群女会织，先到纺织处洒扫布席的寓言，希望苏子也能仿效，做这种无损于己而有益于人的事，拉他一把。

以下写苏子用利害关系，游说秦、齐两国的君主，重用甘茂，使甘茂重新任职。秦王用相印到齐国迎接甘茂，让他官复原职，齐王则任命甘茂为上卿，让他留在齐国。甘茂的机智和苏子无碍的辩才，一一跃然纸上。

原文

甘茂亡秦且之齐^①，出关遇苏子^②，曰："君闻夫江上之处女乎？"苏子曰："不闻。"曰："夫江上之处女，有家贫而无烛者，处女相与语，欲去之。家贫无烛者将去矣，谓处女曰：'妾以无烛，故常先至，扫室布席，何爱余明之照四壁者^③？幸以赐妾，何妨于处女？妾自以有益于处女，何为去我？'处女相语以为然而留之。今臣不肖，弃逐于秦而出关，愿为足下扫室布席，幸无我逐也。"苏子曰："善。请重公于齐。"

注释

①甘茂亡秦且之齐：秦昭王元年（前306年），大臣向寿等谗毁甘茂，甘茂害怕对己不利，遂出走。且，将。

②关：指函谷关。苏子：后文作苏秦。

③爱：吝惜。

译文

甘茂从秦国出逃，打算到齐国去。出关后遇见苏子说："你听说过江上处女的故事吗？"苏子说："没有听说过。"甘茂继续说道："在江上的处女中，有一个家贫而无烛的人，其他处女互相商量，想赶走她。家贫无烛的那个处女在要离开时，对其他处女说：'我因为没有烛的原故，所以经常先到，打扫房屋，铺好席子，何必吝惜照耀四壁的剩余烛光呢？大方地赐给我，对你们有什么妨碍呢？我自认为对你们也有一些好处，为什么还要赶我？'处女们相互商量，认为她说得对，就把她留下来。现在我不才，被秦抛弃，将要出关，愿意为你打扫房屋，铺好坐席，希望你不要赶走我。"苏子说："好。我想法子让齐国重用你。"

原 文

乃西说秦王曰："甘茂，贤人，非恒士也。其居秦累世重矣①，自殽塞、谿谷②，地形险易尽知之。彼若以齐约韩、魏，反以谋秦③，是非秦之利也。"秦王曰："然则奈何？"苏代曰："不如重其赘④、厚其禄以迎之。彼来则置之槐谷，终身勿出，天下何从图秦？"秦王曰："善。"与之上卿⑤，以相迎之齐⑥，甘茂辞不往。

注 释

①居秦累世重矣：甘茂辅助过秦惠王、武王、昭王，所以说他数世受重用。

②殽塞：即崤山，在今河南洛宁北。西北接陕县，东接渑池县。崤有两峰，东西相距三十五里，故又称二崤。其山上有峻坡，下临绝涧，山路奇狭。是极险之地。谿谷：此及后文"槐谷"，《史记》并作"鬼谷"，其地在今陕西三原的清水谷。

③反：同"返"。

④贽：古代见面时馈赠对方的礼物。男子相见，大礼用玉帛，小礼用禽鸟。

⑤上卿：最高爵位。

⑥以相迎之：或作"以相印迎之"。下同。

译文

苏子往西去向秦王进言说："甘茂是贤能的人，不是平常的人。他停留在秦国，几代受到重用，秦地的山川要塞、地形的复杂情况，他都知道。他如果通过齐国拉拢韩、魏两国，转而对付秦国，这对秦国是没有好处的。"秦王说："如果那样，该怎么办？"苏秦说："不如拿上贵重的礼物，用丰厚的俸禄去欢迎他。他来了。就把他安置在槐谷，终身不让他出来，各国又怎么能算计秦国呢？"秦王说："好。"给予他上卿的爵位，用丞相的相印到齐国迎接他。甘茂推辞，不肯前往。

原文

苏秦为谓齐王曰："甘茂，贤人也，今秦与之上卿，以相迎之，茂德王之赐，故不往，愿为王臣。今王何以礼之？王若不留，必不德王。彼以甘茂之贤，得擅用强秦之众，则难图也。"齐王曰："善。"赐之上卿，命而处之①。

注释

①命而处之：此文的末尾，《史记·甘茂传》有"秦于是

厚待甘茂的家属以拉拢齐国"的话，作为此事的结束。

 译文

苏秦替他对齐王说："甘茂是贤能的人。现在秦国给予他上卿的爵位，用相印来迎接他，甘茂感谢大王的赐予，所以没有前往，愿意做大王的臣子，现在大王用什么礼节来对待他呢？大王如果不留住他，他一定不会感谢大王。以甘茂的才能，又能动用强秦的力量，就难以对付了。"齐王说："好。"就赐予他上卿的爵位，让他留在齐国。

濮阳人吕不韦贾于邯郸

题解

吕不韦凭他多年从事商业的经验，看出当时在赵国做人质的秦公子异人是"奇货可居"，于是和异人结为政治投机的伙伴。

秦安国君妻华阳夫人在政治上很有势力，但膝下无子，吕不韦通过夫人弟阳泉君，说服华阳夫人，从赵国召回异人。

华阳夫人是楚人，异人返秦，吕不韦让他穿上楚地服装去参拜夫人，夫人一见，大为高兴，决定把异人收为己子，给他改名为"楚"，并劝安国君（即位后为孝文王）把子楚立为太子。孝文王即位，三日即死。接着子楚登位，是为庄襄王。由于吕不韦有拥立的大功，于是让他担任相国，主持国政，号为文信侯，并把蓝田十二县作为他的封邑。吕不韦终于如愿以偿，从一个精明的商人变成大权在握的政治家。

原　文

濮阳人吕不韦贾于邯郸[①]，见秦质子异人[②]，归而谓父曰："耕田之利几倍？"曰："十倍。""珠玉之赢几倍[③]？"曰："百倍。""立国家之主赢几倍？"曰："无数。"曰："今力田疾作，不得暖衣余食；今建国立君，泽可以遗世，愿往事之。"

注　释

①濮阳：卫邑，在今河南濮阳西南。贾：做卖买。

②异人：秦孝文王子，时在赵做人质，后即位为庄襄王。

③赢：商业利润。

译　文

濮阳人吕不韦在邯郸做生意，见到秦国人质公子异人，回去对他的父亲说："种田的利益有几倍？"父亲回答："十倍。""做珠宝生意的可获利几倍？"父亲回答："百倍。""拥立国君，可获利几倍？"父亲回答："无数。"吕不韦说道："如今努力耕种，还是穿不暖，吃不饱。如果拥立君主，利益可以留传后世。我想前往事奉他。"

原 文

秦子异人质于赵，处于廖城①。故往说之曰："子傒有承国之业②，又有母在中。今子无母于中③，外托于不可知之国④，一日倍约，身为粪土。今子听吾计事，求归，可以有秦国。吾为子使秦，必来请子。"

注 释

①廖城：即聊城，在今山东聊城西北十五里。

②子傒：异人的异母弟弟，都是安国君（后即位为孝文王）之子。

③今子无母于中：异人母夏姬，无宠，等于无母。

④不可知：态度变化莫测。

译 文

秦国公子异人在赵国做人质，住在廖城。他就去对异人说："子傒有继承君位的基础，又有母亲在宫中支持。现在您宫内没有支持您的母亲，又寄居在态度不定的赵国，一旦背弃盟约，您就完蛋了。现在您听从我的安排，要求回去，可以拥有秦国。我为您到秦国活动，商定后一定来迎接您。"

原 文

乃说秦王后弟阳泉君曰①："君之罪至死，君知之乎？君之门下无不居高尊位，太子门下无贵者②。君之府藏珍珠宝玉，君之骏马盈外厩，美女充后庭。王之春秋高③，一日山陵崩④，太子用事，君危于累卵而不寿于朝生⑤。说有可以一切，而使君富贵千万岁，其宁于太山四维⑥，必无危亡之患矣。"阳泉君避席⑦，请闻其说。不韦曰："王年高矣，王后无子，子傒有承国之业，士仓又辅之⑧。王一日山陵崩，子傒立，士仓用事，王后之门必生蓬蒿⑨。子异人贤材也，弃在于赵，无母于内，引领西望，而愿一得归。王后诚请而立之，是子异人无国而有国，王后无子而有子也。"阳泉君曰："然。"入说王后，王后乃请赵而归之。

注释

①秦王后：指安国君妻华阳夫人。

②太子：指子傒。

③王之春秋高：言其年老。王，指孝文王。

④一日：一旦。山陵崩：比喻秦王死，这是一种避讳的说法。

⑤朝生：指朝生夕落的槿花。

⑥太山：即泰山，在今山东泰安北。

⑦避席：表示恭敬。

⑧士仓：即昭王时的秦相社仓。

⑨生蓬蒿：门前无人行走，比喻门庭冷落。

译文

于是游说王后的弟弟阳泉君说："您犯有死罪，您知道

吗？您的手下都占据高官尊位，太子门下却没有有地位的
人。您的仓库储藏了许多珍珠宝玉，马棚充满了骏马，后宫
充满了美女。秦王的年事已高，一旦死去，太子继位，你就
非常危险，性命将会不保。有一种办法可以让您富贵千万年，
比泰山还安稳，必然没有危亡的祸患。"阳泉君离开座位说：
"我愿听听你的高见。"吕不韦说："秦王年事已高，王后没有
儿子。子傒有继承王位的条件，又有社仓辅佐。秦王一旦死
去，子傒继位，社仓掌权，王后的门庭必然冷落。公子异人
是贤能的人，被遗弃在赵国，在宫内没有支持他的母亲，伸
长脖子向西边遥望，希望有机会回来。王后真能请求立他为
太子，那么公子异人就是无国而有国，王后就是无子而有子
了。"阳泉君说："是这样。"就进宫告诉王后，王后就向赵国
提出请求，让公子异人返秦。

原文

赵未之遣，不韦说赵曰："子异人，秦之宠子也，无母于
中，王后欲取而子之。使秦而欲屠赵，不顾一子以留计①，是
抱空质也。若使子异人归而得立，赵厚送遣之，是不敢倍德
畔施，是自为德讲。秦王老矣，一日晏驾②，虽有子异人，不
足以结秦。"赵乃遣之。

注释

①留计：延缓其计划。

②晏驾：对天子死的避讳说法。

译文

赵国还未放行，吕不韦游说赵王说："公子异人是秦王宠儿，在宫中没有母亲，王后想让他做儿子。假使秦国要想消灭赵国，不会顾惜一个儿子而不行动，那您就是留了一个不起作用的人质。如果能让公子异人回国立为秦王，赵国用厚礼送归他，他一定不会忘记赵国的恩情，这是用恩德来联系。秦王老了，一旦驾崩，只有通过公子异人才能拉拢秦国。"于是赵国就送异人返回秦国。

原文

异人至，不韦使楚服而见。王后悦其状，高其知，曰："吾楚人也。"而自子之。乃变其名曰楚。王使子诵，子曰："少弃捐在外，尝无师傅所教学，不习于诵。"王罢之，乃留止。间曰："陛下尝轫车于赵矣①，赵之豪杰得知名者不少。今大王反国②，皆西面而望。大王无一介之使以存之，臣恐其皆有怨心，使边境早闭晚开。"王以为然，奇其计。王后劝立之。王乃召相，令之曰："寡人子莫若楚。"立以为太子。

注释

①轫车：停车，指材质的事。轫，阻止车轮滚动的木头。
②反：同"返"。

译 文

异人回秦，吕不韦让他穿上楚国服装去拜见王后。王后喜欢他的打扮，认为他的智慧很高，说："我是楚国人。"就把他当作自已的儿子，把他的名字改称为"楚"。秦王让他诵读念过的书。他说："我从小被抛弃在外，没有师傅的教诲，不懂得念书。"秦王作罢，就把他留下来。吕不韦抽空对秦王说："陛下曾经在赵国停留，赵国的豪杰和你关系好的不少。如今大王回国，他们都满怀希望向着西方。大王没有派遣一位使臣去慰问他们，我恐怕他们会抱怨，使边城局势不稳。"秦王认为他说得对，是个有才能的人。王后劝秦王立子楚为太子。秦王就召见丞相，对他说："我的儿子中最有才能的是子楚。"就立他为太子。

原 文

子楚立①，以不韦为相，号曰文信侯，食蓝田十二县②。王后为华阳太后，诸侯皆致秦邑。

注 释

①子楚立：是为庄襄王。
②蓝田：今陕西蓝田西十一里。

译 文

子楚即位，以吕不韦做丞相，号为"文信侯"，封给他蓝田十二县。王后号为华阳太后，各国诸侯都给秦国送来封邑。

齐 策

靖郭君将城薛

题 解

靖郭君打算加强薛地的城防工事，引起邻国震恐，身边反对的人也不少。靖郭君最初不想听反对意见，后经一位门客用"海大鱼"的巧妙比喻，说服他放弃了原来的想法。

原 文

靖郭君将城薛[①]，客多以谏。靖郭君谓谒者无为客通[②]。齐人有请者曰："臣请三言而已矣，益一言，臣请烹！"靖郭君因见之。客趋而进曰："海大鱼。"因反走。君曰："客有于此。"客曰："鄙臣不敢以死为戏。"君曰："亡，更言之。"对曰："君不闻大鱼乎？网不能止，钩不能牵，荡而失水，则蝼蚁得意焉。今夫齐，亦君之水也。君长有齐阴[③]，奚以薛为！失齐，虽隆薛之城到于天，犹之无益也。"君曰："善。"乃辍城薛。

注释

①靖郭君：齐国大臣田婴，靖郭君是他的封号。薛：靖郭君的封邑，在今山东滕县南四十里。

②谒者：靖郭君手下管传达的小吏。

③阴：同"荫"，庇护。

译文

靖郭君田婴将要修筑薛城，许多门客都来劝阻。靖郭君对传达员说，不要给门客通报。有一位齐国门客要求接见，说："我只说三个字就行了，多说一个字，就愿受烹煮之刑。"靖郭君于是接见他。门客急步走到靖郭君面前说："海大鱼。"说了转身就走。靖郭君说："你可留下把话说完。"

▲ 靖郭君

门客说："我不敢用性命来开玩笑。"靖郭君说："我不怪罪你，请继续说吧。"门客说："您没有听说过海大鱼吗？网打不上，钩钓不到，一旦离开了水，蚂蚁都可以戏弄它。如今齐国就像是您的水。您有齐国为您遮风挡雨，拿薛地来干什么呢！失去齐国，就算把薛地的城墙筑到天那样高，仍然是没有用处的啊！"靖郭君说："你说得对。"就停止修筑薛的城墙。

邯郸之难

发生在公元前 354 年的桂陵之战，是在齐威王、段干纶的决策下，在田忌、孙膑的指挥下，对魏作战所取得的一次重大胜利。

"围魏救赵"一役，成了经典战例，被载入许多兵法书中。它的指导思想是攻其所必救，以达到趋利避害、机动歼敌的目的。

魏军素称骁勇，看不起齐军。面对凶猛的强敌，齐军利用赵、魏相争，互相消耗的机会牵着敌人的鼻子走，使对方疲于奔命，被动挨打。在魏军的归途中实施截击，在桂陵选好阵地，等到魏军到来，然后一举歼敌。

原 文

邯郸之难①，赵求救于齐。田侯召大臣而谋曰②："救赵孰与勿救？"邹子曰③："不如勿救。"段干纶曰④："弗救，则我不利。"田侯曰："何哉？""夫魏氏兼邯郸，其于齐何利哉！"田侯曰："善。"乃起兵，曰："军于邯郸之郊。"段干纶曰："臣之求利且不利者⑤，非此也。夫救邯郸，军于其郊，是赵不拔而魏全也。故不如南攻襄陵以弊魏⑥，邯郸拔而承魏之弊，是赵破而魏弱也。"田侯曰："善。"乃起兵南攻襄陵。七月，邯郸拔。齐因乘魏之弊，大破之桂陵⑦。

注释

①邯郸之难：指赵都受到魏军的攻打。邯郸，赵都，在今河北邯郸西南二十里。

②田侯：战国时齐国国君，即齐威王，名田齐，前356～前320年在位。

③邹子：即邹忌，齐威王大臣，他做齐相，被封在下邳，号称为成侯。

④段干纶：齐臣。

⑤臣之求利且不利："之求"当作"言救"。且，抑或。

⑥襄陵：魏邑，在今河南睢县西一里。

⑦桂陵：齐地，在今河南长垣北。

译文

赵都邯郸被魏军包围，赵国向齐国求救。齐威王召集大臣们商议道："救赵还是不救？"邹忌说："不如不去救。"段干纶说："不去救会对我国不利。"齐威王说："为什么呢？"段干纶回答说："让魏国攻下邯郸，这对齐国是没有什么好处的！"齐威王说："好。"于是派兵，说："大军驻扎在邯郸城外。"段干纶说："我所说的利或不利，不是指的这样办。援救邯郸，而驻军在它的城外，会造成赵都不被攻下而魏国兵力无损的局面。所以说不如向南攻打襄陵，使魏军疲敝。邯郸被攻下而魏军疲敝，将使赵国残破而魏国削弱。"齐威王说："好。"就派兵南下攻打襄陵。这年的七月，邯郸失守。齐军乘魏军疲敝之机，在桂陵把它打得大败。

邹忌讽齐王纳谏

题　解

本章主旨在说明接受批评、广开言路，在政治生活中的重要性。

齐相邹忌身长八尺，形象光彩照人，但比起城北徐公则远远不如，这是客观事实。邹忌的妻妾和客却都说邹忌比徐公美，这就留下悬念，需要证实。恰好，第二天徐公来访，邹忌把他看了又看，觉得自己不如，这是邹忌有知人之明；邹忌又对着镜子自照，感到确实比徐公差了一截，这是邹忌有自知之明。邹忌从中受到启发，于是进见齐威王，指出"王之蔽甚矣"。威王不愧是有为之君，立即接受意见，广开言路，对凡能指陈时弊，提出批评的人，分别给予上、中、下三等不同的赏赐。最初进谏的人很多，后来逐渐减少。政治修明，各国来朝，这就是纳谏的明显结果。

原文

邹忌修八尺有余①，身体昳丽②，朝服衣冠，窥镜，谓其妻曰："我孰与城北徐公美？"其妻曰："君美甚。徐公何能及君也！"城北徐公，齐国之美丽者也。忌不自信，而复问其妾曰："吾孰与徐公美？"妾曰："徐公何能及君也！"旦日，客从外来，与坐谈，问之客曰："吾与徐公孰美？"客曰："徐公不若君之美也！"

注释

①修八尺有余：约1.70米的个子。修，长。尺，指周尺，一尺约为20厘米。

②昳丽：光艳美丽。

译文

邹忌身高八尺有余，容貌光彩照人，一天早晨，他穿戴好衣冠，看着镜子，对他的妻子说："你看我和城北徐公比起来，谁更漂亮？"他的妻子说："您漂亮极了。徐公怎么比得上您呢！"城北徐公是齐国有名的美男

▲邹忌讽齐王纳谏

子，邹忌不相信会是这样，又问他的小妾道："我漂亮还是徐公漂亮？"小妾说："徐公哪能比得上您呢！"第二天，来了一位客人，邹忌和他谈话时又问："我和徐公相比，谁更漂亮？"客人说："徐公比不上您漂亮啊！"

原 文

明日，徐公来，孰视之，自以为不如；窥镜而自视，又弗如远甚。暮寝而思之，曰："吾妻之美我者，私我也；妾之美我者，畏我也；客之美我者，欲有求于我也。"

译 文

又隔一天，徐公来了。邹忌仔细端详他，觉得自己比不上；对着镜子看自己，更觉得比徐公差得很远。夜里，睡在床上反复考虑这件事，醒悟道："我的妻子说我漂亮，是因为她偏爱我啊！小妾说我漂亮，是因为她害怕我啊！客人说我漂亮，是因为他有求于我啊！"

原 文

于是入朝见威王曰："臣诚知不如徐公美，臣之妻私臣，臣之妾畏臣，臣之客欲有求于臣，皆以美于徐公。今齐地方千里，百二十城。宫妇左右，莫不私王；朝廷之臣，莫不畏王；四境之内，莫不有求于王。由此观之，王之蔽甚矣！"王曰："善。"乃下令："群臣吏民能面刺寡人之过者，受上赏！

上书谏寡人者，受中赏！能谤议于市朝，闻寡人之耳者，受下赏！"

于是，邹忌上朝对齐威王说："我自知确实不如徐公漂亮，我的妻子偏爱我，我的小妾害怕我，我的客人有求于我，都说我比徐公漂亮。如今齐国的土地纵横千里，有一百二十座城池。大王宫中的后妃和身边的侍从没有不偏爱大王的，朝廷里的群臣没有不害怕大王的，国内的百姓没有不想向大王求助的。这样看来，大王所受的蒙蔽真是非常厉害啊！"齐威王说："说得对。"于是就颁布了一道命令："无论朝廷群臣、小吏或百姓，凡是能当面提出我的过错的，受上等奖赏！能上奏章规劝我的，受中等奖赏！能在公众场合批评议论我，传到我的耳中的，受下等奖赏！"

原文

令初下，群臣进谏，门庭若市；数月之后，时时而间进；期年之后，虽欲言，无可进者。燕、赵、韩、魏闻之，皆朝于齐。此所谓战胜于朝廷。

译文

命令刚颁布，官吏们纷纷前来，提出意见，使宫廷内外像集市一样热闹。几个月后，只是断断续续地有人来提意见。一年以后，就是有人想来进言，也没有什么可说的了。燕、赵、韩、魏等国听到这个情况，都到齐国朝见。这就是人们所说的，通过朝廷上的举措，不需要用兵，就可以战胜别国了。

秦假道韩、魏以攻齐

题解

前314年，齐乘燕国内乱攻燕，诸侯出兵救燕，本章所载秦假道韩、魏以攻齐，即属于诸侯救燕之师。

齐国攻燕，统兵的本是章子，秦救燕之师既至，齐宣王就使章子领兵迎战。战争期间，多人谗毁章子，说他带兵降秦，宣王始终不为所动。

一个人的品质表现在各个方面。宣王认为章子能孝于父，必不会背君。"求忠臣必于孝子之门"，宣王真是目光如炬，知人善任。

原文

秦假道韩、魏以攻齐，齐威王使章子将而应之①，与秦交和而舍②。使者数相往来，章子为变其徽章，以杂秦军③。候者言章子以齐入秦，威王不应。顷之间，候者复言章子以齐兵降秦，威王不应。而此者三。有司请曰："言章子之败者，异人而同辞，王何不发将而击之？"王曰："此不叛寡人明矣，曷为击之！"

注释

①齐威王：当为齐宣王，下同。章子：齐名将匡章。

②交和而舍：两军相对，军门称为和。舍，屯驻。

③徽章：是指包括旗帜和士卒衣服的标识。

译文

秦国向韩、魏借道去攻打齐国，齐威王派章子领兵应战，他和秦军一接触就驻扎下来。双方的人员多次来往，章子改变了军队衣服上的标识，和秦军混杂。侦察人员说章子带领齐兵投向了秦军，齐威王没有理会。不久，侦查人员又说章子带兵投降了秦军，齐威王仍旧没有理会。像这样重复了三次。有关主管人员提出说："说章子背叛的人，几个都异口同声，大王为什么不派兵攻打他？"齐王说："很明显他是不会背叛我，为什么要去攻打他？"

原文

顷间，言齐兵大胜，秦军大败，于是秦王拜西藩之臣而谢于齐。左右曰："何以知之？"曰："章子之母启得罪其父，其父杀之而埋马栈之下。吾使章子将也，勉之曰：'夫子之强，全兵而还，必更葬将军之母。'对曰：'臣非不能更葬先妾也。臣之母启得罪臣之父，臣之父未教而死。夫不得父之教而更葬母，是欺死父也，故不敢。'夫为人子而不欺死父，岂为人臣欺生君哉？"

译文

　　不久，传来消息说，齐军大胜，秦军大败。于是秦王自称西边的藩臣并向齐国谢罪。齐王身边的人说："您怎么知道章子不会背叛您？"齐王说："章子的母亲启得罪了他的父亲，他的父亲杀了他的母亲，把她埋在马棚下面。我派章子领兵，鼓励他说：'以你的勇敢，凯旋而归，我一定重新安葬你的母亲。'章子说：'我并不是不能重新安葬死去的母亲。我的母亲启得罪了先父，先父没有留下什么吩咐就死了；我没有得到父亲的吩咐就擅自改葬母亲，这是在欺骗死去的父亲。所以不敢这样办。'作为儿子不欺骗死去的父亲，作为臣子怎么可能去欺骗活着的君主呢？"

苏秦为赵合纵说齐宣王

题解

　　本章是战国晚期纵横家假借苏秦之名的模拟之作，但在了解齐国经济发展的问题上，具有重要意义。

　　由于商品经济的迅速发展，战国后期出现了许多著名的商业城市，齐都临淄就是其中之一。户数超过七万，人口在二十万以上，居民财大气粗，游乐竞技成为时尚。"车毂击，人肩摩"，市区道路的拥挤程度，不同凡响。据现代调查，临淄故城包括大小二城，总面积达六十余平方华里，真可算得上东方大都会了。

原 文

苏秦为赵合从说齐宣王曰[①]："齐南有太山，东有琅邪[②]，西有清河[③]，北有渤海，此所谓四塞之国也。齐地方二千里，带甲数十万，粟如丘山。齐车之良[④]，五家之兵[⑤]，疾如锥矢，战如雷电，解如风雨。即有军役，未尝倍太山、绝清河、涉渤海也。临淄之中七万户[⑥]，臣窃度之，下户三男子，三七二十一万，不待发于远县，而临淄之卒固以二十一万矣。临淄甚富而实，其民无不吹竽、鼓瑟、击筑、弹琴、斗鸡、走犬、六博、蹹鞠者[⑦]。临淄之途，车毂击，人肩摩，连衽成帷，举袂成幕，挥汗成雨，家敦而富，志高而扬。夫以大王之贤与齐之强，天下不能当，今乃西面事秦，窃为大王羞之！

注 释

①苏秦：本章为纵横家练习游说之作，此苏秦及下文齐宣王都是假托人名。

②琅邪：山名，在今山东诸城东南。

③清河：指济水，是齐、赵边境界河。

④齐车：当作"三军"。

⑤五家之兵：又称"五都之兵"，为齐军主力。

⑥临淄：齐都，今山东淄博东北。

⑦竽：乐器，笙类。瑟：乐器，似琴。古为五十弦，后
改为二十五弦。筑：乐器，似瑟而较大，头安弦，用竹击打。
琴：乐器，古为五弦，后用七弦。斗鸡：用鸡相斗的游戏。
走犬：指田猎活动。六博：古代棋戏之一。蹴鞠：类似足球，
以皮做成，用毛充实。

译 文

苏秦为赵国合纵，游说齐宣王说："齐国的南面有泰山，
东面有琅邪山，西面有清河，北面有渤海，是四方都有要塞
的国家。齐国方圆二千里，精兵数十万，粮食堆积如山。三
军的勇士，五家的精选部队，行动像射箭那样快，打击敌人，
威力就像雷电，解散军队就像风雨那样，说停就停。即使有
军事活动，从来没有征调泰山下、清河边和渤海之滨的部队。
单是临淄城中就有七万家，我私下估量，每户不少三个男子，
三七二十一万，不需等待从远地调兵，临淄城中的兵力就已
经达到二十一万了。临淄非常富庶而充实，它的百姓们没有
不吹竽、鼓瑟、击筑、弹琴、斗鸡、走犬、六博、踢球的。
临淄的路上，车轮的轴互相撞击，人们的肩膀互相摩擦，把
衣襟连起来就成为帷帐，卷起袖子就成了幕布，挥出的汗水

成为雨点；每家都非常富有，心胸远大而愉快。以大王的贤名与齐国的强大，天下没有谁能够相比，如今却向西服从秦国，我为大王感到羞耻。

原　文

"且夫韩、魏之所以畏秦者，以与秦接界也。兵出而相当，不至十日而战胜存亡之机决矣。韩、魏战而胜秦，则兵半折，四境不守；战而不胜，以亡随其后，是故韩、魏之所以重与秦战而轻为之臣也。

译　文

"韩、魏两国之所以惧怕秦国，是因为他们与秦国接壤。军队一出，双方相对，不到十天，胜败存亡就见分晓了。韩、魏两国战胜秦国，兵力就会损失一半，边境无法防守；要是战而不胜，就会走到灭亡的边缘。所以韩、魏不敢轻易和秦国开战，却容易向秦表示屈服啊。

原　文

"今秦攻齐则不然，倍韩、魏之地，过卫阳晋之道①，径亢父之险②，车不得方轨，马不得并行，百人守险，千人不能过也。秦虽欲深入，则狼顾，恐韩、魏之议其后也。是故恫疑虚猲，高跃而不敢进，则秦不能害齐，亦已明矣。夫不深料秦之不奈我何也，而欲西面事秦，是群臣之计过也。今无臣事秦之名，而有强国之实，臣固愿大王之少留计。"

少
年
读
战
国
策

注　释

①阳晋：卫地，在今山东郓城西。

②亢父：齐邑，在今山东济宁南五十里。

译　文

如今秦国攻齐却不是这样，背后是韩、魏的地方，穿越卫国阳晋的要道，通过亢父的险路，两车不能并驾，两马不能并行，一百人守住险隘，一千人都不能通过。秦军虽然想深入，老是心中不安，恐怕韩、魏从后面偷袭。所以虚声恫吓，迟疑不敢前进。秦国不能危害齐国，是很明显的事。不考虑秦国不能把我怎么样，而想向西服从秦国，这是群臣的计谋错了。现在没有臣事秦国的名声，而能得到强国的地位，我希望大王稍稍考虑一下。"

原　文

齐王曰："寡人不敏，今主君以赵王之教诏之，敬奉社稷以从。"

译　文

齐王说："我不够聪明，现在你把赵王的教诲告诉我，我恭敬地把国家托付给你。"

齐人有冯谖者

本章写孟尝君善待冯谖，冯谖为他"市义"，为他经营"三窟"，使他终身无祸，突出了冯谖过人的才能，是一篇富于情趣的冯谖传。

本章立意甚奇，行文变化莫测，高潮迭起，如入武夷九曲，步步引人入胜。开始写冯谖生活无着，投靠孟尝君，完全未受重视。其后冯谖三歌长铗，改善了自己和老母的生活，也看出孟尝君待门下是真诚的。到冯谖挺身自任，愿为孟尝君收债，已微露头角，所以孟尝君改容礼谢。冯谖问："以何市而反？"问得好，其实心中早有主意。孟尝君答："视吾家所寡有者。"答得妙，实际上是许他便宜行事。冯谖到薛，矫命焚券，为孟尝"市义"，奇峰突起。他返齐报命，虽竭力解释，孟尝始终不悦，可见是不以为然的。后来孟尝君就国于薛，薛民百里相迎，这才佩服冯谖市义是为他办了一件大好事。冯谖接着游说梁王，设法为孟尝君恢复相位；又为他谋画在薛立宗庙，使孟尝君终身无祸。三窟的经营，显示了冯谖确实是一个高瞻远瞩的谋士。

原 文

　　齐人有冯谖者①，贫乏不能自存，使人属孟尝君，愿寄食门下。孟尝君曰："客何好？"曰："客无好也。"曰："客何能？"曰："客无能也。"孟尝君笑而受之曰："诺。"左右以君贱之也，食以草具。

注 释

　　①谖：音"宣"。

译 文

　　齐国有个叫冯谖的人，穷得没法养活自己，就求人向孟尝君请求，在他的门下当一名食客。孟尝君问："客有什么爱好吗？"冯谖回答说："没什么爱好。"孟尝君又问："客有什么才能？"冯谖回答说："没有什么才能。"孟尝君笑着答应道："好吧！"孟尝君身边的人因为主人看不起冯谖，就随便拿些粗劣的饭食给他吃。

▲ 冯　谖

原 文

　　居有顷，倚柱弹其剑。歌曰："长铗归来乎①！食无鱼。"左右以告。孟尝君曰："食之，比门下之客。"居有顷，复弹其铗，歌曰："长铗归来乎！出无车。"左右皆笑之，以告。孟尝君曰："为之驾，比门下之车客。"于是乘其车，揭其剑，过其友曰："孟尝君客我。"后有顷，复弹其剑铗，歌曰："长铗归来乎！无以为家。"左右皆恶之，以为贪而不知孟尝君足。孟尝君问："冯公有亲乎？"对曰："有老母。"孟尝君使人给其食用，无使乏。于是冯谖不复歌。

注释

①铗：剑柄，这里指剑。

译文

住下不久，冯谖靠在廊柱上，弹着他的佩剑歌唱着："长剑啊，咱们回去吧！吃饭没有鱼啊。"随从们把这事报告给孟尝君。孟尝君说："给他鱼吃，把他当中等门客对待。"没过多久，冯谖又弹着剑歌唱道："长剑啊，咱们回去吧！出门没有车坐。"周围的人都笑他，又告诉孟尝君。孟尝君说："给他备车，让他享受乘车门客的待遇。"于是冯谖坐着车，举着剑，去拜访他的朋友说："孟尝君把我当门客看待。"此后不久，冯谖又弹着剑歌唱道："长剑啊，咱们回去吧！没办法养家啊。"孟尝君周围的人都讨厌他，认为他贪心不足。孟尝君问："冯先生有亲属吗？"冯谖回答说："有个老母亲。"孟尝君派人把吃的用的给她送去，不让她感到短缺。于是冯谖也就不再歌唱了。

原文

后孟尝君出记^①，问门下诸客："谁习计会，能为文收责于薛者乎^②？"冯谖署曰："能。"孟尝君怪之，曰："此谁也？"左右曰："乃歌夫'长铗归来'者也。"孟尝君笑曰："客果有能也，吾负之，未尝见也。"请而见之，谢曰："文倦于事，愦于忧，而性懧愚^③，沉于国家之事，开罪于先生。先生不羞，乃有意欲为收责于薛乎？"冯谖曰："愿之。"于是约车治装，载券契而行，辞曰："责毕收，以何市而反^④？"孟尝君曰："视吾家所寡有者。"

注释

①记：文告。一说指账册。

②责：同"债"。

③懧：懦弱。

④反：同"返"。

译文

后来孟尝君出了文告，向门客们征询道："有谁熟悉会计业务，能替我到薛邑去收债呢？"冯谖签上自己的名字，说："我能办到。"孟尝君感到奇怪，问道："这人是谁呀？"侍从们告诉他："就是那个歌唱'长剑回去吧'的人啊！"孟尝君笑着说："这位门客真是有本领啊，我对不起他，还从来没有接见过他呢。"就把冯谖请来见面，并向他道歉说："我被各种事务困扰得很疲劳，愁得心烦意乱，我又生性懦弱，陷入国事的忙碌中，以致开罪了先生。先生不见怪，还愿意为我到薛邑收债吗？"冯谖说："我愿意。"于是备车整装，带上契约，准备上路。辞行时问道："收完债，买些什么东西回来呢？"孟尝君说："就看着我家所缺少的东西买吧。"

原文

驱而之薛，使吏召诸民当偿者悉来合券。券遍合，起矫命，以责赐诸民，因烧其券，民称万岁。

译文

冯谖驱车来到薛邑，叫差役召集该还债的百姓前来核对契约。核对完毕后，冯谖起身假传孟尝君的命令，宣布免掉百姓所欠的债务，并当众把契约烧掉，百姓们欢呼万岁。

原文

长驱到齐，晨而求见。孟尝君怪其疾也，衣冠而见之，曰："责毕收乎？来何疾也！"曰："收毕矣。""以何市而反？"冯谖曰："君云'视吾家所寡有者'。臣窃计，君宫中积珍宝，狗马实外厩，美人充下陈①。君家所寡有者，以义耳！窃以为君市义。"孟尝君曰："市义奈何？"曰："今君有区区之薛，不拊爱子其民②，因而贾利之③。臣窃矫君命，以责赐诸民，因烧其券，民称万岁。乃臣所以为君市义也。"孟尝君不说④，曰："诺。先生休矣！"

注释

①下陈：堂下的庭院。

②拊：抚爱。

③贾利：用商人的手段取利。

④说：同"悦"。

译文

冯谖扬鞭催马赶回齐都临淄，一大早就去拜见孟尝君。孟尝君对他很快返回感到奇怪，穿戴好衣帽出来接见他，问道："债收完了吗？回来得好快啊！"冯谖答说："收完了。"孟尝君又问："买了什么回来？"冯谖说："您说'看着我家所缺少的东西买'。我想，您宫中堆放着珍宝，狗马充满了畜圈，美女站满了堂下。您家所缺少的就是义啊！我私下为您把义买回来了。"孟尝君问："买义是怎么一回事呢？"冯谖说："现在您只有一个小小的薛邑，不抚爱那里的百姓，反而像商人一样地在他们身上取利。我已擅自假传您的命令，把债款赐给了百姓，并烧掉了契约，百姓们高呼万岁。这就是我给您买回的'义'啊。"孟尝君听了很不高兴，说："好啦，先生下去休息吧！"

原文

后期年，齐王谓孟尝君曰①："寡人不敢以先王之臣为臣。"孟尝君就国于薛，未至百里，民扶老携幼，迎君道中。孟尝君顾谓冯谖曰："先生所为文市义者，乃今日见之。"

注释

①齐王：指齐闵王。

译文

过了一年，齐闵王对孟尝君说："我不敢把先王的大臣当作自己的臣下。"孟尝君只好回到自己的封地薛邑。在距薛邑还有百多里路的地方，百姓扶老携幼，早已等在路上迎接他了。孟尝君回过头对冯谖说："先生为我买的'义'，我今天算是看到了。"

楚 策

江乙对荆宣王

题　解

本章中，江乙在回答楚宣王的问题时，讲了一个有名的"狐假虎威"的寓言。这则故事告诉人们，要透过现象看本质，要擦亮眼睛辨别真假。

昭奚恤身为令尹，掌握着楚国的大权，楚国的内外大事，都需要他的点头。楚国地方圆五千里，带甲数十万，对北方虎视眈眈，以昭奚恤所处的地位，北方害怕他是很自然的。

江乙从魏国来到楚国，想动摇楚王对昭奚恤的信任，故把他比成狐，百兽（北方各国）怕他，只不过是借用了虎（楚王）的威势，以此来说明昭奚恤并没有什么了不起。尽管如此，昭奚恤对北方各国畏惧，毕竟是无法改变的客观事实。

原 文

问群臣曰①："吾闻北方之畏昭奚恤②，果诚何如？"群臣莫对。

注 释

①荆宣王：即楚宣王，熊姓，名良夫，前369～前340年在位。

②昭奚恤：楚国的令尹（相）。

▲ 楚宣王

译 文

楚宣王问群臣道："我听说北方各国都害怕昭奚恤，真是这样吗？"群臣无人回答。

原 文

江乙对曰①："虎求百兽而食之，得狐。狐曰：'子无敢食我也。天帝使我长百兽，今子食我，是逆天帝命也。子以我为不信，吾为子先行，子随我后，观百兽之见我而敢不走乎？'虎以为然，故遂与之行。兽见之皆走。虎不知兽畏己而走也，以为畏狐也。今王之地方五千里，带甲百万，而专属之昭奚恤；故北方之畏奚恤也，其实畏王之甲兵也，犹百兽之畏虎也。"

①江乙：魏国人，当时在楚国做官。

译 文

　　江乙回答道："老虎寻找各种野兽吃，得到一只狐狸。狐狸说：'你可不敢吃我啊。老天爷派我做群兽的首领，如今你要是吃了我，这就是违抗老天爷的命令啊。如果你认为我的话不可靠，我走在前面，你跟在我身后，看看野兽们见了我有敢不跑的吗？'老虎认为它说得对，就和它一起走。野兽见到它们，都逃跑了。老虎不知道野兽是因为害怕自己才逃跑的，以为是害怕狐狸。如今大王的国土纵横五千里，精兵百万，都交给昭奚恤统领；所以北方各国害怕昭奚恤，其实是害怕大王的精兵，就好像野兽害怕老虎啊。"

苏子谓楚王

题 解

　　推荐贤才对国家、对人民都是一件好事，可是在封建社会里，做官的人要做到这一点是十分困难的。贤才受到重用，将影响自己的地位和前途，怀挟私心、只图私利的人，怎么可能做到无妒而进贤呢？苏子的说法，只能是一个善良的愿望。

原文

苏子谓楚王曰[①]："仁人之于民也，爱之以心，事之以善言。孝子之于亲也，爱之以心，事之以财。忠臣之于君也，必进贤人以辅之。今王之大臣父兄，好伤贤以为资，厚赋敛诸臣百姓，使王见疾于民，非忠臣也。大臣播王之过于百姓，多赂诸侯以王之地，是故退王之所爱，亦非忠臣也，是以国危。臣愿无听群臣之相恶也，慎大臣父兄，用民之所善，节身之嗜欲，以百姓[②]。

注释

①苏子谓楚王：这里的苏子和楚王都是假托人物，不能指实。

②以百姓：以百姓为重。

译文

苏子对楚王说："有仁爱的人对于百姓，总是实心实意去爱他们，用善良的言辞为他们办事。孝子对于父母，总是敬爱他们，用财物供给他们。忠臣对于君主，一定推荐贤人去辅佐他。如今大王的大臣父兄们，喜欢攻击贤人作为提高自己的资本，对百姓加重剥削，使大王受到百姓的怨恨，这可不是忠臣啊。大臣把大王的错误向百姓散播，又把大王的很多土地割给诸侯，因而排斥受到大王重视的人，这也不是忠臣，所以国家危险。我希望你不听任群臣的互相攻击，慎用大臣父兄，要用百姓喜欢的人，节制嗜欲，来亲附百姓。

原文

"人臣莫难于无妒而进贤。为主死易，垂沙之事①，死者以千数。为主辱易，自令尹以下，事王者以千数。至于无妒而进贤，未见一人也。故明主之察其臣也，必知其无妒而进贤也。贤臣之事其主也，亦必无妒而进贤。夫进贤之难者，贤者用且使己废，贵且使己贱，故人难之。"

注释

①垂沙之事：指公元前301年，秦和齐、韩、魏共同攻楚，杀死楚将，攻占垂沙的事。垂沙，在今河南唐河西南，此地当秦、楚边境。

译文

"作为臣子，难的是不忌妒而推荐贤才。为君主牺牲并不难，垂沙之战，牺牲的有好几千。为君主忍辱也容易，从令尹以下，为大王办事的人有几千。至于能不妒忌而推荐贤才的，没有见到一人。所以明主考察他的臣下，一定要看他能否不妒忌而举荐贤才。贤臣为他的君主办事，一定要做到不妒忌而推荐贤才。推荐贤才之所以难于做到，因为贤才受重用会使自己靠边，贤才受尊崇会使自己的地位降低，所以一般人难于这样做到。"

五国伐秦

题 解

前318年，五国攻秦不利，魏、楚都想与秦媾和，以便脱身。魏派惠施入楚，通报这一想法。楚谋士杜赫向昭阳建议，最好是拒绝惠施，然后暗中与秦讲和，因为谁先迈出这一步，谁就和秦国改善了关系。杜赫的计谋，提供了处在不利情况下，如何争取主动，摆脱孤立困境的做法。

原 文

五国伐秦①，魏欲和，使惠施之楚②。楚将人之秦而使行和。

注 释

①五国伐秦：事件发生在前318年。五国，楚、赵、魏、韩、燕国。

②惠施：宋人，时为魏相。

译文

楚、赵、魏、韩、燕五国攻秦不利，魏国想媾和，派惠施到楚国。楚国准备把他送到秦国去讲和。

原文

杜赫谓昭阳曰①："凡为伐秦者楚也。今施以魏来，而公入之秦，是明楚之伐而信魏之和也。公不如无听惠施，而阴使人以讲德秦。"昭子曰："善。"因谓惠施曰："凡为攻秦者魏也，今子从楚为和，楚得其利，魏受其怨。子归，吾将使人因魏而和。"

注释

①杜赫：楚臣，游说之士。

译文

杜赫对昭阳说："这次攻秦是楚国主持的。如今惠施奉魏王之命前来，你把他送到秦国，不是说明楚国主张攻秦而让秦相信魏国是主张讲和的吗。你不如不要听从惠施的安排，而暗中派人用讲和来拉拢秦国。"昭阳说："很好。"于是对惠施说："主持攻秦的是魏国，现在你跟在楚国后面讲和，楚国得利，魏国会遭秦怨恨。你先回去，我将派人联系，让魏国主持议和。"

原 文

惠子反，魏王不说①。杜赫谓昭阳曰："魏为子先战，折兵之半，谒病不听，请和不得，魏折而入齐、秦，子何以救之？东有越累，北无晋②，而交未定于齐、秦，是楚孤也，不如速和。"昭子曰："善。"因令人谒和于魏。

注 释

①魏王：指魏襄王。

②北无晋：此晋指魏。

译 文

惠施返国，魏襄王很不高兴。杜赫对昭阳说："魏国为你冲在前面，兵力损失一半，告诉你处境艰难，你不加援手，求和又不成功，魏国转而倒向齐、秦，你用什么办法来挽救呢？越人在东边制造麻烦，北边失去魏国，和齐、秦的邦交也不稳定，楚将受到孤立，不如赶快讲和。"昭阳说："好。"就派人告诉魏国，请与秦国讲和。

赵 策

知伯帅赵、韩、魏而伐范、中行氏

题解

　　晋阳之围有三个重要人物：知伯骄傲自大而贪得无厌，赵襄子沉着冷静而善于用人，张孟谈聪明机警而老谋深算。三个人的不同性格决定了晋阳攻防战的命运，最终，知伯身死国亡，成为天下人的笑柄。赵襄子、张孟谈君臣一心，在敌强我弱的形势下，争取到韩、魏反戈一击，扭败为胜。

　　只要团结一致，把利害相同的各方联合起来，就能征服险难，渡过湍流，战胜顽敌。

原文

　　赵襄子召张孟谈而告之曰^①："夫知伯之为人^②，阳亲而阴疏，三使韩、魏而寡人弗与焉，其移兵寡人必矣。今吾安居而可？"张孟谈曰："夫董阏于^③，简主之才臣也^④，世治晋阳⑤，而尹铎循之⑥，其余政教犹存，君其定居晋阳。"君曰："诺。"……

注 释

①赵襄子：战国初人，晋国六卿之一，名无恤，赵鞅之子。张孟谈：赵襄子的谋臣。

②知伯：名瑶，晋国六卿之一。前458年，他联合韩、赵、魏三家灭掉范氏、中行氏，其势最强。"知"或作"智"。

③董阏于：春秋时人，晋卿赵鞅的家臣。

④简主：即赵简子，春秋末晋国大夫，名鞅，他奠定了建立赵国的基础。

⑤晋阳：今山西太原南。

⑥尹铎：春秋时人，晋卿赵鞅家臣。

译 文

赵襄子召见张孟谈，对他说："知伯的为人，表面对你友好，暗中却和你保持着距离，他屡次派人和韩、魏联系，单单避开我们，看来他一定调兵攻打我们。现在我们在哪里据守为好？"张孟谈说："那董阏于是先君简主得力的臣子，世代治理晋阳，其后由尹铎继任，他们的影响至今还保留着，你就驻守在晋阳吧。"赵襄子说："就这么办。"

原 文

三国之兵乘晋阳城，遂战。三月不能拔，因舒军而围之，决晋水而灌之^①。围晋阳三年，城中巢居而处，悬釜而炊，财食将尽，士卒病羸。襄子谓张孟谈曰："粮食匮，财力尽，士大夫病，吾不能守矣，欲以城下，何如？"张孟谈曰："臣闻之，亡不能存，危不能安，则无为贵知士也。君释此计，勿复言也。臣请见韩、魏之君。"襄子曰："诺。"

注 释

①晋水：在晋阳附近，今名晋河，东北流入汾河。

译 文

知伯帅赵、韩、魏三国的军队开到晋阳城下，战斗就打响了。三个月没有攻下，他们就散开军队把城包围起来，并掘晋水淹城。晋阳被围困了三年，城中的人被逼得在高处搭棚架栖身，吊起锅煮饭，吃的和用的都快没了，士兵们精疲力尽。赵襄子对张孟谈说："眼下粮缺财尽，臣民疲惫，我守不住了，想开城投降，你看怎么样？"张孟谈说："我听说，国家将亡而不能使它保存，局势危险而不能使它安定，那就用不着重视智谋之士了。请您放弃这个打算，别再说了。我要求去见韩、魏的君王。"襄子说："好。"

原 文

张孟谈于是阴见韩、魏之君曰："臣闻唇亡则齿寒，今知伯帅二国之君伐赵，赵将亡矣，亡则二君为之次矣。"二君曰："我知其然。夫知伯为人也，粗中而少亲，我谋未遂而知，则其祸必至，为之奈何？"张孟谈曰："谋出二君之口，入臣之耳，人莫之知也。"二君即与张孟谈阴约三军，与之期日，夜遣入晋阳。张孟谈以报襄子，襄子再拜之。

译 文

张孟谈就秘密地会见了韩、魏两国的君王，对他们说："我听说：'唇亡齿寒'，如今知伯率领二位伐赵，赵氏即将灭亡。赵亡就会轮到二位了啊。"他俩说："我们知道会是这样。那知伯的为人，粗暴而狠毒，我们的计谋还未成功，如被他发觉，就会大祸临头，你看怎么办？"张孟谈说："计谋从二位口中说出，进入我的耳里，别人是不会知道的。"他们俩就和张孟谈秘密部署好部队，约定了举事的日期，夜里把张孟谈送回晋阳城内。张孟谈把情况向赵襄子汇报，赵襄子对他拜了二次以致谢。

原 文

襄子……使张孟谈见韩、魏之君曰："夜期杀守堤之吏，而决水灌知伯军。"知伯军救水而乱，韩、魏翼而击之，襄子将卒犯其前，大败知伯军而禽知伯。

译 文

赵襄子……派张孟谈去见韩、魏两国君主说："就在今夜杀掉守堤的人，放水去淹知伯的军营。"知伯军队忙着去救冲来的水，乱作一团，韩、魏军队从两翼夹击，赵襄子率领大军从正面进攻，大败知伯的军队，并活捉了知伯。

晋毕阳之孙豫让

题 解

本章是一篇豫让的小传。

从春秋末到战国，各国的当权人物纷纷养士，以培植自己的势力。豫让先在范氏、中行氏手下办事，并未得到重用，后来转投知伯，知伯把他待为国士，最终得到了他的报答。

豫让漆身为癞，吞炭变哑，能忍人之所不能忍，表现了"士为知己者死"的决心。赵襄子的大度，也给人留下了深刻印象。

豫让在死前要求剑击赵襄子的衣服，今人看来，颇难了解其用意所在，在古代人们的心目中，则认为砍击敌人的衣服，就如同砍到了穿衣服的本人，属于交感巫术。《战国策》在下文本来还提到，襄子的衣服被砍得斑斑血迹，随即死去，因为事涉怪异，被后人删去了。

原 文

晋毕阳之孙豫让，始事范、中行氏而不说，去而就知伯，知伯宠之。及三晋分知氏，赵襄子最怨知伯，而将其头以为饮器。豫让遁逃山中曰："嗟乎！士为知己者死，女为悦己者容，吾其报知氏矣！"乃变姓名为刑人，入宫涂厕，欲以刺襄子。襄子如厕，心动，执问涂者，则豫让也，刃其扞[1]，曰："欲为知伯报

▲ 豫 让

仇。"左右欲杀之，赵襄子曰："彼义士也，吾谨避之耳。且知伯已死，无后，而其臣至为报仇，此天下之贤人也。"卒释之。

注 释

①扞：当作"圬"，泥工抹墙器具。

译 文

晋国毕阳的孙子豫让，最初在范氏、中行氏手下做事，不受重视。他就转投知伯门下，知伯十分信任重用他。后来赵、魏、韩三国瓜分了知氏的土地，赵襄子最恨知伯，把他的人头做成酒杯。豫让逃到山中说："唉！士为知己者死，女

为悦己者容，我要报答知伯的知遇之恩！"，于是改名换姓，扮成做杂役的人，到赵襄子官中粉刷厕所，想谋刺赵襄子。赵襄子去厕所时，心中感觉异常，就让人把粉刷厕所的人抓来问他是谁，原来就是豫让，他在粉刷工具上装上兵刃，说："我想替知伯报仇。"赵襄子身边的人想杀豫让，赵襄子说："他是义士，我只要小心避开他罢了。而且知伯已死，没有后人，他的臣子能为他报仇，这可算得上是天下的贤人啊！"于是把他释放了。

原　文

豫让又漆身为厉①，灭须去眉，自刑以变其容，为乞人而往乞。其妻不识曰："状貌不似吾夫，其音何类吾夫之甚也！"又吞炭为哑，变其音。其友谓之曰："子之道甚难而无功，谓子有志则然矣，谓子智则否。以子之才而善事襄子，襄子必近幸子，子之得近而行所欲，此甚易而功必成。"豫让乃笑而应之曰："是为先知报后知，为故君贼新君，大乱君臣之义者，无过此矣。凡吾所谓为此者，以明君臣之义，非从易也。且夫委质而事人，而求弑之，是怀二心以事君也。吾所为难，亦将以愧天下后世人臣怀二心者。"

注　释

①厉：通"癞"，恶疮。

译　文

豫让又在身上涂漆，使其长满恶疮，剃去须眉，用自残来改变容貌，扮成乞丐去行乞。他的妻子认不出他，说："相貌不像我的丈夫，可是声音怎么那样像我的丈夫啊！"豫让又吞炭使自己的声音嘶哑，改变了自己嗓音。他的朋友劝他说："你所用的方法，难度大而又没有成效，说你有志向倒是不错，但你并不聪明。以你的才能，如很好地为赵襄子办事，襄子必定亲近你，你利用接近的机会去实现自己的愿望，这样既容易而又必然成功。"豫让笑着回答说："这是替早先了解我的人去报复后来了解我的人，是替旧主子去害新主子，极大地破坏君臣间的道义，没有比这更严重的了。我所以这样做，是为了阐明君臣间的道义，并不想挑拣容易的事去做。况且投身到别人手下办事，又想着去杀他，这是怀着异心去侍奉主子啊。我所以要采取困难的方法，是要使天下后世怀着异心去侍奉主子的人感到惭愧。"

原　文

居顷之，襄子当出，豫让伏所当过桥下。襄子至桥而马惊。襄子曰："此必豫让也。"使人问之，果豫让。于是赵襄子面数豫让曰："子不尝事范、中行氏乎？知伯灭范、中行氏而子不为报雠，反委质事知伯。知伯已死，子独何为报雠之深也？"豫让曰："臣事范、中行氏，范、中行氏以众人遇臣，臣故众人报之。知伯以国士遇臣^①，臣故国士报之。"襄子乃喟然叹泣曰："嗟乎，豫子！豫子之为知伯，名既成矣，寡人舍子亦以足矣。子自为计，寡人不舍子。"使兵环之。豫让曰："臣闻明主不掩人之义，忠臣不爱死以成名。君前已宽舍臣，天下莫不称君之贤。今日之事，臣故伏诛，然愿请君之衣而击之，虽死不恨。非所望也，敢布腹心。"于是襄子义之，乃使使者持衣与豫让。豫让拔剑三跃，呼天击之曰："而可以报知伯矣。"遂伏剑而死。死之日，赵国之士闻之，皆为涕泣。

注释

①国士：一国的精英。

译文

过了不久，到了襄子外出视察的时候，豫让埋伏在襄子必经的桥下。襄子到达桥头。马儿猛然惊叫。襄子说："这定是豫让在此。"派人前去探问，果然正是豫让。于是襄子当面责备他说："你不是也曾在范、中行氏手下办事吗？知伯灭了范、中行氏，你不替他们报仇，反而转投到知伯手下。知伯已经死去，你为什么执着地为他报仇呢？"豫让说："我在范、中行氏手下办事，范、中行氏把我作为普通人对待，所以我就用一般人的态度对待他们。知伯把我做为国士对待，所以我就用国士的行为报答他。"襄子感叹流泪说："豫让啊，你为知伯所做的事，已使你成名了，我饶恕你也算是很够了。你自己盘算一下吧，我不再放过你了。"说罢，派兵士把他团团围住。豫让说："我听说贤明的主子不埋没别人的正义行为，忠臣不惜一死来成就自己的名声。你从前已经宽容我，天下都称赞你的贤明。今天的事，我本应伏法，但我请求能用剑击打你的衣服，我纵死也没有遗憾了。我的愿望不一定能够实现，但我想坦诚地说出来。"襄子被他说的话感动了，就派人把衣服递给豫让。豫让拔剑跳跃三次，击刺衣服，说："老天作证，我可以报答知伯的知遇之恩了。"语音刚落，就举剑自杀。他死的这天，赵国的人士听说，都忍不住为他落泪。

秦王谓公子他

题　解

　　本章是叙事体，写的是秦、赵长平之战的历史背景，亦即这场战事的由来。

　　前263年，秦昭王出兵攻韩，一支部队攻打荥阳，切断韩军来路；一支部队穿越太行山，直插上党的心脏地区。韩王恐惧，要求献出上党郡，与秦国讲和。韩王派韩阳叫上党郡守献地，郡守不肯从命，宣称要与上党共存亡。韩阳回朝

少年读战国策

报告，韩王决定派冯亭接替郡守职务。

冯亭到任后，暗中派人告诉赵王说："韩国不能坚守上党，将把它割给秦国，上党的百姓不愿做秦民而愿归赵，我愿将上党十七县献给赵国，希望大王笑纳。"赵王大喜，准备接受。平阳君赵豹警告说："秦国粮食充足，法令严明，士气高涨，难以对抗，希望大王收回成命。"赵王不听，决定接收上党。秦王闻听大怒，便派白起等领兵攻打赵国的长平。

原文

（秦攻韩。）冯亭守三十日[①]，阴使人请赵王曰[②]："韩不能守上党[③]，且以与秦，其民皆不欲为秦而愿为赵。今有城市之邑十七，愿拜内之于王[④]，唯王才之[⑤]。"赵王喜，召平阳君而告之曰[⑥]："韩不能守上党，且以与秦，其吏民不欲为秦而皆愿为赵。今冯亭令使者以与寡人，何如？"赵豹对曰："臣闻圣人甚祸无故之利。"王曰："人怀吾义，何谓无故乎？"对曰："秦蚕食韩氏之地，中绝不令相通，故自以为坐受上党也。且夫韩之所以内赵者，欲嫁其祸也。秦被其劳而赵受其利，虽强大不能得之于小弱，而小弱顾能得之强大乎？今王取之，可谓有故乎？且秦以牛田、水通粮，其死士皆列之于上地，令严政行，不可与战。王其图之。"王大怒曰："夫用百万之众，攻战逾年历岁，未得一城也。今不用兵而得城十七，何故不为？"赵豹出。

80

注　释

①冯亭：韩国的上党郡守。

②赵王：赵孝成王，名丹，赵惠文王子，前265～前245年在位。

③上党：韩郡名，在今山西沁河以东一带。

④内：同"纳"。下同。

⑤才：通"裁"，裁度，裁定。

⑥平阳君：赵豹，赵惠文王同母弟。

译　文

（秦国攻打韩国。）冯亭防守了三十天，暗中派人对赵王说："韩国守不住上党，将要割让给秦国，它的百姓都不想做秦民而愿做赵民，如今有十七座城邑，愿敬献给大王，请大王考虑吧。"赵王心里高兴，召见平阳君并对他说："韩国守不住上党，将割让给秦国，它的官吏和百姓都不愿做秦民而愿做赵民。如今冯亭派使者献给我，怎么样？"赵豹回答说："我听说圣人认为无故得利将带来大祸。"赵王说："别人倾慕我的德义，怎么说是无故呢？"赵豹答说："秦国蚕食韩国的土地，从中切断使它不能相通，所以自认为可以安坐而得上党。况且韩国之所以把地献给赵国，是想把祸患转嫁给赵国啊。秦国遭受劳苦，而赵国得到利益，即使是强大者都不可能从小弱者手中得到，哪里有小弱者反从强大者手中得到的可能呢？如今大王取得它，可以说是有理由吗？况且秦国用牛耕田，用水道通运粮食，它的敢死之士都得到了上等的土地，法令严格而政令贯彻，不能和它交锋。大王好好考虑吧。"赵王非常生气地说："动用百万大军，连续几年作战，没有得到一城。如今不用兵就可得到城池十七座，为什么不这样做？"赵豹就退下了。

原文

王召赵胜、赵禹而告之曰①："韩不能守上党，今其守以与寡人，有城市之邑十七。"二人对曰："用兵逾年，未得一城，今坐而得城，此大利也。"乃使赵胜往受地。

注释

①赵胜、赵禹：皆赵国大臣。赵胜即平原君，为赵相，封于东武城（今山东武城西北）。

译文

赵王召见赵胜、赵禹，对他们说："韩国守不住上党，如今它的郡守献给我，共有十七座城邑。"二人回答说："连年用兵，没有得到一座城，如今安坐就能得城，这可是十分有利的事啊！"于是派赵胜去接受土地。

原文

赵胜至曰："敝邑之王使使者臣胜，太守有诏，使臣胜谓曰：'请以三万户之都封太守，千户封县令，诸吏皆益爵三级，民能相集者，赐家六金。'"冯亭垂涕而勉曰："是吾处三不义也。为主守地而不能死，而以与人，不义一也；主内之秦，不顺主命，不义二也；卖主之地而食之，不义三也。"辞封而入韩，谓韩王曰："赵闻韩不能守上党，今发兵已取之矣。"

译　文

赵胜到后宣告说："敝国的国王有诏派使者臣胜告诉太守说：'如今拿三万家的大城封赐给郡守，千家的城封赐给县令，一般官吏加爵三级，百姓能够相安的，每家赐给六金。'"冯亭流泪低着头说："这样我就会处在三不义的境地啊。作为君主守地而不能牺牲。反献给旁人，这是一不义；君主把地已割给秦国，不听主子的命令，这是二不义；卖掉主子的土地而自己得到封邑，这是三不义啊。"辞去封赏而进入韩国，对韩王说："赵国听说韩国无力防守上党，如今已发兵把它占领了。"

原　文

韩告秦曰："赵起兵取上党。"秦王怒[1]，令公孙起、王齮以兵遇赵于长平[2]。

注 释

①秦王：秦昭王。

②公孙起、王齮：皆秦将。公孙起即白起，郿（今陕西眉县）人，以善于用兵著称。长平：赵邑，在今山西高平西北。

译 文

韩国告诉秦国说："赵国已派兵攻取了上党。"秦王发怒，派白起、王齮领兵至长平和赵军对阵。

武灵王平昼间居

题 解

前302年，赵武灵王顺应时势，推行改革，决定在赵国实行胡服骑射。

改革前，赵国强邻环伺，形势严峻。对赵威胁最大的是近在肘腋的中山和匈奴。匈奴骑兵经常侵扰赵的边境。中山地虽不大，但也曾屡败赵兵，深入赵境。赵武灵王对此念念不忘，想通过胡服骑射来扭转被动局面。

什么是胡服骑射？胡服是把过去衣裳连体，一直拖到地面的服装，改为上穿短衣，下着分裆裤的衣服，骑射则是用跨马射箭的骑兵代替笨重迟缓的战车。

▲ 胡服骑射

实行胡服骑射后，很快就见到成效。赵连续击败北边的林胡、楼烦，几年后就灭掉中山，兵锋所及，所向必克，这就是这场改革所带来的变化。

原　文

（赵武灵王胡服骑射以教百姓。）赵造谏曰[1]："隐忠不竭，奸之属也。以私诬国，贼之类也。犯奸者身死，贼国者族宗。此两者，先圣之明刑，臣下之大罪也。臣虽愚，愿尽其忠，无遁其死。"王曰[2]："竭意不讳，忠也。上无蔽言，明也。忠不辟危，明不距人，子其言乎！"

注　释

①赵造：赵臣。

②王：指赵武灵王，名雍，赵肃侯之子，前325～前

299 年在位。

译文

（赵武灵王以胡服骑射来教导百姓。）赵造规劝道："藏住忠心不说，属于奸邪之类。因私心而误国，属于贼害之类。犯奸的应处死，害国的应灭族。这两种，是先王明确的刑罚，是臣子的大罪啊。我虽然愚钝，愿尽忠心，不敢逃避死罪。"武灵王说："畅所欲言，不加避讳，这是忠臣啊。君主不阻拦臣下发表意见，这是明君啊。忠臣不避危险，明君不拒绝别人提意见，你就说吧。"

原文

赵造曰："臣闻之：'圣人不易民而教，知者不变俗而动。'因民而教者，不劳而成功；据俗而动者，虑径而易见也。今王易初不循俗，胡服不顾世，非所以教民而成礼也。且服奇者志淫，俗辟者乱民。是以莅国者不袭奇辟之服，中国不近蛮夷之行，所以教民而成礼者也。且循法无过，修礼无邪，臣愿王之图之。"

译文

赵造说："我听说：'圣人不交换百姓而进行教诲，聪明的人不改变习俗而行动。'顺着民心去教诲的，不烦劳而可获得成功；依着习俗而行动的，轻车熟路，非常方便。现在大王改变原有的做法，不按习俗办事，改穿胡服而不顾社会上的议论，这可不是教导百姓遵守礼制啊。况且服装奇异的人，心意就放荡，习俗怪僻的地方，往往民心混乱。所以治理国家的人不穿怪僻的服装，中原地区不仿效蛮夷的不开化行为，因为这是教导人们遵守礼制啊。并且遵循原有办法，没有什么过错，奉行传统制度，不会偏离正道，我希望大王好好考虑吧。"

原　文

王曰："古今不同俗，何古之法？帝王不相袭，何礼之循？宓戏、神农教而不诛①，黄帝、尧、舜诛而不怒②。及至三王③，观时而制法，因事而制礼，法度制令，各顺其宜，衣服器械，各便其用。故治世不一道，便国不必法古。圣人之兴也，不相袭而王；夏、殷之衰也，不易礼而灭。然则反古未可非，而循礼未足多也。且服奇而志淫，是邹、鲁无奇行也④；俗辟而民易，是吴、越无俊民也⑤。是以圣人利身之谓服，便事之谓教，进退之谓节，衣服之制，所以齐常民，非所以论贤者也。故圣与俗流，贤与变俱。谚曰：'以书为御者，不尽于马之情；以古制今者，不达于事之变。'故循法之功不足以高世，法古之学不足以制今，子其勿反也。"

注　释

①宓戏、神农教而不诛：宓戏、神农都是传说中的圣王，据说伏羲（即宓戏）教民畜牧，神农教民耕种，不用刑罚，

这就是所谓"教而不诛"。

②黄帝、尧、舜诛而不怒：黄帝、尧、舜都是传说中的古帝，据说他们虽然用兵诛乱，但仍以教化为主，所以说是"诛而不怒"。

③三王：指夏、商、周三代的开国圣王。

④邹、鲁：古国名，均在今山东境内，是礼教最早发达的地方。

⑤吴、越：古国名，在今江苏、浙江境内，据说它们的百姓"断发文身"，和中原的习俗不同。

译文

武灵王说："古今的习俗本不相同，为什么要效法古代？历代帝王互不相袭，为什么要遵循古代的礼制？伏羲、神农时代，只教化而不用刑罚，黄帝、尧、舜时代，虽用刑罚而不愤怒。夏、商、周三代的圣王，都是观察社会现实而制定法令，法令制度都顺应潮流，衣服器械都使用方便。所以说，治理国家不一定只用一种方法，只要对国家有利就不必效法古代。圣人的兴起，不承袭前代而兴旺；夏、商的衰败，因不变更制度而灭亡。可见反对古来旧俗的，不应受到非议；而遵循旧制的人，也就不值得赞许了。如果说服装特殊就会思想放荡，那么服饰正统的邹、鲁两国，就应该没有不正的行为了；如果说风俗怪僻的地方，百姓就会变坏，那么风俗特殊的吴、越地区，就该没有杰出的人才了。所以圣人认为，凡是适合穿着的，就是好服装；凡是便于办事的，就是好规章。关于送往迎来的礼节，衣服的样式，是使百姓们整齐划一，而不是用来评论贤能的人的。所以圣人能随着风俗而变化，贤人能随社会变化而前进。谚语说：'照书上记载来驾车的人，不能通晓马的习性；用老办法来对付现代的人，不懂社会的变化。'所以遵循旧制的做法不会建立盖世的功勋，尊崇古代的理论不能治理当代，希望你不要再说反对胡服的话了吧！"

秦、赵战于长平

题 解

前 260 年，秦、赵之间爆发了长平大战。战争爆发后，赵军小有失利，赵孝成王在和战之间举棋不定。楼昌建议派特使赴秦求和，虞卿则建议拉拢楚、魏作为声援，对秦形成压力，才可在有利条件下媾和。

赵王不听虞卿之计，派亲信郑朱入秦，失去楚、魏援助，终致军败国弱，和秦国订立城下之盟。

原文

秦、赵战于长平，赵不胜，亡一都尉①。赵王召楼昌与虞卿曰："军战不胜，尉复死。寡人使卷甲而趋之②，何如？"楼昌曰："无益也，不如发重使而为媾。"虞卿曰："夫言媾者，以为不媾者军必破，而制媾者在秦。且王之论秦也，欲破王之军乎？其不邪③？"王曰："秦不遗余力矣，必且破赵军。"虞卿曰："王聊听臣，发使出重宝以附楚、魏。楚、魏欲得王之重宝，必入吾使。赵使入楚、魏，秦必疑天下合从也，且必恐，如此则媾乃可为也。"

注释

①都尉：中级军官。

②趋：同"趋"。

③不：同"否"。

译文

秦、赵两国在长平大战，赵军不能取胜，死亡了一名都尉。赵王召见丞相虞卿和大臣楼昌。赵王说："现在我军不能取胜，还死了一名都尉。我想命令军队卷起铠甲袭击秦军，你们认为怎样？"楼昌说："这没有用，不如派人去和秦国讲和。"虞卿说："现在主张讲和的人，一定是认为不讲和则赵军必败，但讲和的主动权却在秦国。大王认为秦国是想打败

赵军还是不想打败赵军？"赵王答道："秦国不遗余力，肯定
是想打败赵军。"虞卿说："大王请听我的建议，派出使臣带
着贵重的珍宝去讨好楚国、魏国。楚国、魏国要得到大王的
珍宝，肯定会接待我们的使臣。赵国的使臣到了楚国、魏国，
秦国肯定会怀疑天下诸侯联合抗秦，一定会害怕，只有这样，
和谈才能成功。"

原 文

赵王不听，与平阳君为媾，发郑朱入秦，秦内之，赵王
召虞卿曰："寡人使平阳君媾秦，秦已内郑朱矣，子以为奚
如？"虞卿曰："王必不得媾，军必破矣，天下之贺战胜者皆
在秦矣。郑朱，赵之贵人也，而入于秦，秦王与应侯必显重
以示天下[①]。楚、魏以赵为媾，必不救王。秦知天下不救王，
则媾不可得成也。"赵卒不得媾，军果大败。王人秦，秦留赵
王而后许之媾。

注 释

①秦王：指秦昭王。

译 文

赵王没有采纳虞卿的建议，派平阳君主持和议，并派郑
朱进入秦国，秦国接纳了郑朱。赵王召见虞卿说："我已派平
阳君讲和，秦国也已接纳了郑朱，你认为结果如何！"虞卿

答道:"大王的和谈一定不会成功,赵军必败,天下诸侯全都会向秦国祝贺胜利。郑朱,是赵国的贵人,现在去了秦国,秦王与应侯必定会隆重接待,告知天下诸侯。楚国、魏国会认为赵国已与秦国讲和,肯定不会出兵救赵。秦王知道诸侯都不救赵,那么讲和是不会成功的。"赵国最终没能与秦国讲和,赵军果然大败。赵王到了秦国,秦国扣留了赵王才同意讲和。

鲁仲连义不帝秦

题 解

长平之战后,秦军围攻赵都邯郸,赵国危亡迫在眉睫,向魏求救。

魏国先后派出两批人员。一是由将军晋鄙带领的部队,停留在魏、赵边境,作出援赵的姿态。一是,派将军辛垣衍进入邯郸,劝赵尊秦为帝,认为秦必喜而罢兵。

鲁仲连闻讯,面见辛垣衍,申明他宁蹈东海而死,也不愿做秦的臣民,并分析了尊秦为帝的严重后果,指出秦若为帝,将对诸侯颐指气使,特别是会"变易诸侯之大臣",辛垣衍也将丧失其原有地位。这番话道出了辛垣衍的心病，击中了要害，辛垣衍终于表态，不敢再说帝秦的话。加上魏公子无忌率领援军到来，秦军只好撤退。李白诗说："齐有倜傥生，鲁连特高妙。却秦振英声，后世仰末照"，热情地歌颂了鲁仲连义不帝秦的高风亮节。

原 文

秦围赵之邯郸[①]，……此时鲁仲连适游赵，会秦围赵。闻魏将欲令赵尊秦为帝，乃见平原君曰："事将奈何矣？"平原君曰："胜也何敢言事[②]！百万之众折于外，今又内围邯郸而不能去。魏王使将军辛垣衍令赵帝秦[③]。今其人在是，胜也何敢言事！"鲁连曰："始吾以君为天下之贤公子也，吾乃今然后知君非天下之贤公子也。梁客辛垣衍安在？吾请为君责而归之。"……

注 释

①秦围赵之邯郸：事发生在前 257 年。

②胜：平原君自称其名。

③魏王：魏安釐王，名圉，前 276 年～前 243 年在位。辛垣衍：他国人，在魏任将军。

译 文

秦军包围了赵国的都城邯郸，……这时鲁仲连恰好到赵国游历，碰上秦军围赵。他听说魏国打算叫赵国尊秦为帝，就去见平原君道："事情怎么样了？"平原君说："我还能说什么呢！百万大军在外受到损失，现在秦军深入，包围邯郸而无法使他们退兵。魏王派客将军辛垣衍叫赵国尊秦为帝，现在这个人正在这里，我还能说什么呢！"鲁仲连说："早先我把您看作是天下顶尖的贤公子，如今我才发现您不是这样的人啊。魏国客人辛垣衍在哪里？我愿为您责备他并打发他回去。"……

原文

鲁连见辛垣衍而无言。辛垣衍曰："吾视居此围城之中者，皆有求于平原君者也。今吾视先生之玉貌，非有求于平原君者，曷为久居此围城之中而不去也？"

译文

鲁仲连见到辛垣衍后一言不发。辛垣衍说："我看留在这座围城中的人，都是有求于平原君的。如今我看先生的神采，不像是有求于平原君的人，为什么老留在这座围城中而不走呢？"

原文

鲁连曰："……彼秦者，弃礼义而上首功之国也。权使其士，虏使其民。彼则肆然而为帝，过而遂正于天下，则连有赴东海而死矣，吾不忍为之民也！……

译 文

　　鲁仲连说："……那秦国是个不讲礼义而以杀人为荣的国家。它用权术对待士人，像对待俘虏那样地役使百姓。它如果放肆地称帝，甚至进一步对天下发号施令，那么我鲁仲连只好跳东海自杀了，我是决不肯做它的子民的！……

原 文

　　"且秦无已而帝，则且变易诸侯之大臣。彼将夺其所谓不肖，而予其所谓贤；夺其所憎，而与其所爱。彼又将使其子女谗妾为诸侯妃姬，处梁之宫，梁王安得晏然而已乎？而将军又何以得故宠乎？"

译 文

　　"再说秦国的野心没有止境，一旦称帝，就将对诸侯的大臣进行变动。它将撤掉他们认为不好的人，而提拔他们认为能干的人；撤去他们所厌恶的人，任用他们所喜欢的人。还会把秦国的女子、说坏话的女人嫁给诸侯们做姬妾，住进魏王的宫里，魏王哪能安宁度日呢？而将军又怎能得到原有的宠幸呢？"

原 文

　　于是，辛垣衍起，再拜，谢曰："始以先生为庸人，吾乃今日而知先生为天下之士也。吾请去，不敢复言帝秦。"

译文

于是辛垣衍起身，拜了两拜，并赔不是说："起初我认为先生是个平庸的人，到今天才知道先生是天下少有的高士啊。请让我告辞，今后我再不敢说尊秦为帝的话了。"

原文

秦将闻之，为却军五十里，适会魏公子无忌夺晋鄙军以救赵击秦[1]，秦军引而去。于是平原君欲封鲁仲连。鲁仲连辞让者三，终不肯受。平原君乃置酒，酒酣，起前以千金为鲁连寿。鲁连笑曰："所贵于天下之士者，为人排患、释难、解纷乱而无所取也。即有所取者，是商贾之人也，仲连不忍为也。"遂辞平原君而去，终身不复见。

注释

[1]晋鄙：魏安釐王将。

译文

秦军将领听说此事后。为此退兵五十里。恰好正赶上魏公子无忌夺取了晋鄙指挥的军队来救赵，抗击秦军，秦军就撤退回国了。于是平原君准备封赏鲁仲连。鲁仲连再三推辞，坚决不肯接受。平原君就设宴招待他，酒正喝得高兴，平原君起身向前，奉上千金为鲁仲连祝福。鲁仲连笑着说："我所以受到天下贤士的尊重，就在于为人排难解纷而不要任何报酬。如果有所索取，那就成为商人一样的人了，我可不愿这样做啊。"于是就告别平原君而去，从此以后再没有见过面。

触龙说赵太后

题 解

前 265 年，秦军攻赵，赵向齐求救，齐要求用长安君做人质，才肯出兵。

长安君是太后的爱子，怎肯让他做人质？太后说，如有人再提此事，就要唾他的面，拒绝任何人进言。老臣触龙忠心为国，知道此事必须解决，宣称愿见太后。他用迂回战术，先从身边的生活琐事谈起，不知不觉中，打消了太后的怒气，终于说服太后，送出长安君，争取到齐国的援助。

文末所载子义的评论，对后代传记文学有深远影响。司马迁在《史记》各篇的传末，都有一段"太史公曰"作为赞语，其后历代正史的传记，也都用"史臣曰"进行评价，甚至清代蒲松龄的《聊斋志异》，也在篇末用"异史氏曰"来发挥议论，显得余韵悠扬。

原文

　　赵太后新用事①，秦急攻之。赵氏求救于齐。齐曰："必以长安君为质②，兵乃出。"太后不肯，大臣强谏。太后明谓左右："有复言令长安君为质者，老妇必唾其面。"

注释

　　①赵太后：赵孝成王母。

　　②长安君：赵太后的幼子。长安是封号，不是地名。

译文

　　赵太后刚执政，秦军就猛烈攻打赵国。赵国向齐国求救。齐国说："定要用长安君做人质，才能发兵。"太后不同意，大臣们竭力劝说。太后向身边的人明确宣布："有谁再说叫长安君做人质的，老婆子一定向他的脸上吐唾沫。"

原文

　　左师触龙言愿见太后①，太后盛气而胥之②。入而徐趋，至而自谢，曰："老臣病足，曾不能疾走，不得见久矣。窃自恕，而恐太后玉体之有所郄也③，故愿望见太后。"太后曰："老妇恃辇而行④。"曰："日食饮得无衰乎？"曰："恃粥耳。"曰："老臣今者殊不欲食，乃自强步，日三四里，少益嗜食，和于身也。"太后曰："老妇不能。"太后之色少解。

①左师触龙：左师，执政官。触龙，赵臣。

②胥：等待。

③郄：通"隙"。此指身体不适。

④辇：人拉的车。

译 文

　　左师触龙说他愿进见太后，太后气冲冲地等着他。才入宫时，小步移动示敬，到后致歉意，说："老臣的脚有毛病，所以不能快走，好久没有机会见面了。我私下原谅自己，又恐怕太后的身体劳累，所以希望谒见太后。"太后说："老婆子行动靠车。"触龙问道："每天饮食怕会有所减少吧？"太后回答说："靠的是稀饭而已。"触龙说："老臣近些时候不思饮食，于是勉强步行，一天走三四里，逐渐想吃东西，使身子舒服了点。"太后说："老婆子办不到。"太后的脸色有所缓和。

原 文

　　左师公曰："老臣贱息舒祺，最少，不肖，窃爱怜之，愿令得补黑衣之数①，以卫王宫，没死以闻②。"太后曰："敬诺。年几何矣？"对曰："十五岁矣。虽少，愿及未填沟壑而托之。"太后曰："丈夫亦爱怜其少子乎？"对曰："甚于妇人。"

99

太后笑曰："妇人异甚。"对曰："老臣窃以为媪之爱燕后贤于长安君③。"曰："君过矣，不若长安君之甚。"左师公曰："父母之爱子，则为之计深远。媪之送燕后也，持其踵为之泣，念悲其远也，亦哀之矣。已行，非弗思也，祭祀必祝之，祝曰：'必勿使反。'岂非计久长，有子孙相继为王也哉！"太后曰："然。"

①黑衣：卫士穿的衣服，此借指侍卫。

②没死：冒死罪。

③媪：对老年妇女的敬称。燕后：赵太后女，因嫁给燕王，故称燕后。

译文

左师公说："老臣的犬子舒祺，年纪最小，没有本领，而今我老了，心里很喜欢他，希望能让他补进黑衣侍卫的队伍里，保卫王宫，我冒着死罪提出这个请求。"太后说："非常同意。有多大年纪了？"触龙回答："十五岁了。虽说年幼，希望在我死前能把他托付给人。"太后说："男人们也喜爱自己的小儿子吗？"触龙回答说："超过女人家。"太后笑道："女人家爱小儿子可是特别厉害啊！"触龙答说："老臣私下里认为您老人家爱燕后超过了长安君。"太后说："您错了，比起爱长安君差得远。"左师公说："父母疼爱子女，为他们考虑得很深远。您老人家送燕后出嫁，临别登车，握住她的足根哭泣，悲伤她的远去，也是感到伤心啊。她走后，不是不思念她，祭祀必为她祝福，祝告道：'一定别让她回来。'难道不是考虑长远，希望她的子孙世代继承王位吗？"太后说："是的。"

原 文

左师公曰："今三世以前，至于赵之为赵，赵主之子孙侯者，其继有在者乎？"曰："无有。"曰："微独赵，诸侯有在者乎？"曰："老妇不闻也。""此其近者祸及身，远者及其子孙。岂人主之子侯则必不善哉？位尊而无功，奉厚而无劳，而挟重器多也。今媪尊长安君之位，而封之以膏腴之地，多予之重器，而不及今令有功于国，一旦山陵崩①，长安君何以自托于赵？老臣以媪为长安君计短也，故以为其爱不若燕后。"太后曰："诺。恣君之所使之。"于是为长安君约车百乘质于齐，齐兵乃出。

注 释

①山陵崩：国君或王后之死的讳称。

译 文

左师公说："从现在上推到三代以前，直到赵建国时，赵君的子孙做侯的，他的后嗣还有存在的吗？"太后答说：

"没有。"左师公又问:"不单是赵国,其他诸侯情况相同还有存在的吗?"太后答说:"老婆子没有听说过。"触龙说:"这些人近的本身遭祸,远的子孙遭祸。难道君主的儿子做侯的就一定不好吗?因为他们地位高而并未建功,俸禄多而并无劳绩,并占有许多宝物啊。如今您老人家提高长安君的地位,把肥沃的地方封给他,给他很多宝物,不趁现在让他为国立功,一旦您不幸逝世,长安君怎么在赵国立足呢?老臣认为您老人家为长安君考虑得少,所以说您爱他比不上爱燕后。"太后说:"说的是。听凭你安排他吧。"于是替长安君准备了一百辆车子,让他到齐国做人质,齐国这才发兵。

原文

子义闻之曰①:"人主之子也,骨肉之亲也,犹不能恃无功之尊,无劳之奉,而守金玉之重也,而况人臣乎!"

注释

①子义:赵国的贤人。

译文

子义听说这件事后说道:"国君的儿子,是国君的亲骨肉啊,尚且不能依靠无功而得来高位,无劳而得来俸禄,坐拥金玉等贵重财物,何况是做臣子的呢?"

魏　策

文侯与虞人期猎

战国初年，由于魏文侯具有卓越的政治才能，在国内完成了一系列改革，使魏国首先强大起来，韩、赵、齐等国都接受了魏国的领导，声名显赫，超过了春秋五霸之首的齐桓公。

魏文侯能够取得巨大的成功，有多方面的原因，本文所载，他和虞人约定狩猎日期后，顶风冒雨，如期前往，从一个侧面反映他能严格遵守信用，勇于承担责任，说话算话，博得国内人民的信任，也树立了他的国际声望，国内国外，对他都心悦诚服。文末所说的"魏于是乎始强"，正是一句画龙点睛之笔。

原文

魏文侯与虞人期猎①。是日饮酒乐，天雨。文侯将出，左右曰："今日饮酒乐，天又雨，公将焉之？"文侯曰："吾与虞人期猎，虽乐，岂可不一会期哉！"乃往，身自罢之。魏于是乎始强。

注释

①虞人：管理山泽的小官。

译文

魏文侯和虞人约定日期打猎。到了这天，喝酒兴致很高，天下着雨。文侯将要出行，身边的人说："今天酒喝得高兴，天又下雨，您准备到哪里去呢？"文侯说："我和虞人约定了打猎的日期，虽然高兴，怎能不如期相会呢！"于是动身前往，亲自告诉他因雨停止打猎的事。魏国于是逐渐强大起来。

▲ 魏文侯

魏武侯与诸大夫浮于西河

　　吴起是战国时期杰出的英雄人物，他不仅是卓越的军事家，也是一个优秀的政治家。魏武侯派他镇守西河，防守坚不可摧，挡住了秦军东进的道路。

　　本章写他和魏武侯的一段谈话，充分表现了他的政治眼光。魏武侯认为凭借河山之险，就可以高枕无忧，这个观点本来是错误的，大夫王错却随声附和，企图博得魏武侯的欢心。吴起尖锐指出，河山之险并不足恃，桀、纣都因恃险而亡国，归根到底，政治的好坏才是起决定作用的因素，一席话说得魏武侯连连点头称是。

　　不幸的是，吴起从此与王错结下仇怨，王错成天说吴起的坏话，终于把吴起挤走。木秀于林，风必摧之。吴起流着眼泪离开魏国，魏国的地位从此不断下滑，直至丧失霸主地位。

　　魏武侯与诸大夫浮于西河①，称曰："河山之险，岂不亦信固哉！"王错侍坐②，曰："此晋国之所以强也③。若善修之，则霸王之业具矣。"吴起对曰④："吾君之言，危国之道也；而子又附之，是重危也。"武侯忿然曰："子之言有说乎？"

注释

①魏武侯：名击，魏文侯之子，前395年～前370年在位。西河：黄河流经魏国西部由北向南的一段。下文的"西河"是郡名，指今陕西东部黄河西岸地区。

②王错：魏臣。

③晋国：指魏国。

④吴起：卫国人，战国时著名军事家和政治家，时仕魏。

译文

魏武侯和诸位大夫在西河乘船而下，他赞叹道："河山如此险要，难道不真是坚不可摧吗？"王错陪坐在旁边，说："这就是魏国所以强大的的原因啊。如果好好地治理它，成就霸之王业的条件就具备了。"吴起接着说："我们国君的话，把国家引向了危险的路，而你又附和他，这就更危险了。"武侯生气地说："您这样说有什么理由吗？"

原文

吴起对曰："河山之险，不足保也；伯王之业，不从此也。昔者三苗之居①，左彭蠡之波②，右有洞庭之水③，文山在其北④，而衡山在其南⑤。恃此险也，为政不善，而禹放逐之⑥。

夫夏桀之国⑦，左天门之阴⑧，而右天谿之阳⑨，庐、罩在其北⑩，伊、洛出其南⑪。有此险也，然为政不善，而汤伐之⑫。殷纣之国⑬，左孟门而右漳、釜⑭，前带河，后被山。有此险也，然为政不善，而武王伐之⑮。且君亲从臣而胜降城，城非不高也，人民非不众也，然而可得并者，政恶故也。从是观之，地形险阻，奚足以霸王矣！"

注 释

①三苗：古族名。

②彭蠡：古泽名，即今江西鄱阳湖。

③洞庭：湖名，在今湖南北部。

④文山：即岷山，在今四川松潘北，绵延于川、甘二省边境。

⑤衡山：古称南岳，在今湖南衡山西北。

⑥禹：夏后氏部落联盟领袖。

⑦夏桀：夏代的末代君主。

⑧天门：即天井关，在今山西晋城南。

⑨天谿：指黄河和济水。

⑩庐、罩：山名，在今山西太原、交城一带。罩，通"皋"。

⑪伊、洛：二水名，均在今河南境内。

⑫汤：商朝的开国君主。

⑬殷纣：商朝的末代君主。

⑭孟门：太行山的隘口，在今河南修武北。漳、釜：二水名。漳水在今河南、河北二省分界处。釜，当作"滏"，即今河北南部的滏阳河。

⑮武王：指周武王，姬姓，名发，西周的开国君主。

译　文

吴起回答说："河山形势的险要，不能确保国家的安全；称霸称王的大业，也不是从这里产生的。从前三苗部落居住的地方，左边有彭蠡泽，右边有洞庭湖，文山在他们的北面，衡山在他们的南面。凭着这些险要，而政治不好，大禹就放逐了他们。那夏桀的国都，左有天门险关，右有黄河、济水，庐、睪二山在北，伊、洛二水在南。有这样险要的地势，但政治不好，商汤王就讨伐他。殷纣的都城，左有孟门山，右有漳、滏二水，它前临河，后靠山。尽管有这样险要的形势，但因政治腐败，所以周武王就攻灭了它。再说，您曾亲自和我一道迫使敌方的城邑投降，他们的城墙不是不高，百姓不是不多，但仍然可以加以吞并，就是因为他们政治糟糕啊。这样看来，地形险要怎么就能说足以称霸称王呢？"

原　文

武侯曰："善。吾乃今日闻圣人之言也！西河之政，专委之子矣。"

译　文

　　魏武侯说:"说得好。我今天才算是听到了圣人的言论啊。西河郡的政务,就都交给你了。"

魏公叔痤为魏将

题　解

　　本章写公叔痤在取得浍北之战的胜利以后,能冷静地分析获胜的各种原因,正确地看到吴起馀教和巴宁、爨襄对克敌制胜所起的作用,不居功自傲,不把一切功劳都挂到自己的账上,表现了谦虚自处的政治风范。他的这种态度,加强了魏国的内部团结。由于他在战胜强敌之后,又能"不遗贤者之后,不掩能士之迹",因而受到了魏王的重赏。

原　文

　　魏公叔痤为魏将,而与韩、赵战浍北[①],禽乐祚[②]。魏王说[③],迎郊,以赏田百万禄之。公叔痤反走,再拜辞曰:"夫使士卒不崩,直而不倚,挠拣而不辟者[④],此吴起馀教也,臣不能为也。前脉地形之险阻,决利害之备,使三军之士不迷惑者,巴宁、爨襄之力也[⑤]。县赏罚于前,使民昭然信之于后者,王之明法也。见敌之可也鼓之，不敢怠倦者，臣也。王特为臣之右手不倦赏臣，何也？若以臣之有功，臣何力之有乎！"王曰："善。"于是索吴起之后，赐之田二十万，巴宁、爨襄田各十万。

注释

①浍：水名，源出今山西翼城东南浍山下，西南流入汾河。

②禽：同"擒"。乐祚：赵将。

③魏王：魏惠王。

④拣：当删。辟：躲避。

⑤巴宁、爨襄：均是魏将。

译文

魏国的公叔痤担任将领，和韩、赵两国在浍北展开大战，俘虏了赵将乐祚。魏王十分高兴，到郊外去迎接公叔痤，赏赐公叔痤百万田地作为俸禄。公叔痤转身就走，再三推辞说："让士兵不溃散，勇往直前，百折不挠的，是受吴起从前的教导，我是做不到这些的。事前就去观察复杂险要的地势，使将士们不被迷惑的，这是巴宁、爨襄的功劳。制定赏罚制度于前，使人民明白遵守于后，这是君王的法度明确。看见敌人可以攻打，就击鼓进军而不敢懈怠的，这是我的责任。大王只为我不敢懈怠的手就赏赐我，这是为什么呢？如果认为我有功劳，其实我又有什么功劳呢？"魏王说："好。"魏王于是派人寻访到了吴起的后人，赏赐他田地二十万，还赏赐巴宁和爨襄田地十万。

原文

王曰："公叔岂非长者哉！既为寡人胜强敌矣，又不遗贤者之后，不掩能士之迹，公叔何可无益乎！"故又与田四十万，加之百万之上，使百四十万。故《老子》曰："圣人无积，既以为人，已愈有；既以与人，已愈多。"公叔当之矣。

译文

魏王说："公叔痤难道不是德高望重的人吗？他既为我打败了强敌，又没有遗忘贤人的后代，不埋没能人的功绩，公叔痤怎么能不得到赏赐呢！"魏王因此又赐公叔痤田地四十万，加上以前赐的一百万，共有一百四十万。《老子》曾说："圣人不积蓄，全力帮助他人，自己得的也就会越多；尽量给予别人的，自己也会更充分拥有。"公叔痤应该就是这样的人啊！

魏公叔痤病

题解

魏国是战国初年最强的国家，到了魏惠王时，开始走下坡路，国势由盛转衰。魏惠王的失败，有多种因素，不用人才，排斥人才，逼使人才出走，是其中的重要因素。在遭受严重挫败之后，惠王说："恨不用公叔痤之言"，他是后悔没有任用公孙鞅，还是后悔没有杀掉公孙鞅呢？这可是费人猜想的悬念。

人才是国家的宝贵资源，魏惠王昏头昏脑，不辨黑白，放弃了公叔痤向他推荐的贤才公孙鞅，终于为此付出了丧师失地的惨痛代价。

原文

魏公叔痤病[1]，惠王往问之[2]，曰："公叔病，即不可讳，将奈社稷何？"公叔痤对曰："痤有御庶子公孙鞅[3]，愿王以国事听之也；为弗能听，勿使出竟[4]。"王弗应，出而谓左右曰："岂不悲哉！以公叔之贤，而谓寡人必以国事听鞅，不亦悖乎！"

注释

①公叔痤：魏相。

②惠王：即梁惠王，战国时魏国国君，名罃，魏武侯子，前369～前319年在位。

③公孙鞅：卫国人，即商鞅，后入秦佐秦孝公变法。

④竟：同"境"。

译文

魏相公叔痤病重，惠王前去探视他，问道："公叔病重，如不幸去世，国家怎么办？"公叔痤回答说："其实有个御庶子公孙鞅，希望大王把国事交给他处理；如果办不到，不要让他走出国境。"惠王没有说话，出去之后告诉身边的人说："真可悲啊！以公叔的贤能，而叫我把国政交给公孙鞅支配，岂不是昏聩吗！"

原文

公叔痤死，公孙鞅闻之，已葬，西之秦，孝公受而用之①。秦果日以强，魏日以削。此非公叔之悖也，惠王之悖也。悖者之患，固以不悖者为悖。

注释

①孝公：即秦孝公，战国时秦国国君，名渠梁，前361～前338年在位。

译文

公叔痤去世了，公孙鞅听到这个消息，在下葬后，就向西去到秦国。秦孝公接纳并重用他。秦国果然一天天强大，魏国一天天削弱。这不是公叔昏聩，而是惠王昏聩啊！脑子昏聩的人的毛病，会把不昏聩的人说成是昏聩的。

齐、魏战于马陵

马陵之战，魏国惨败，折损十万人马，太子被杀。魏惠王恼羞成怒，想动员倾国之师，和齐国奋力一搏。幸亏惠施沉着冷静，面对巨大挫折，仍能保持头脑清醒，他对惠王提出了两点建议，一是放下架子，屈尊朝齐。二是和齐君互尊为王。尽管他向来主张废除尊号，这时也不再坚持，先度过目前难关再说。齐君原来称侯，他并不安于现状，他的想法是，远则效法黄帝，支配天下；近则继承齐桓、晋文，领导诸侯。魏国愿和他一起称王，当然正中下怀，于是欣然同意。楚王闻听大怒，亲自领兵伐齐，在徐州城下大败齐军。惠施的建议，使魏国摆脱了困境，借用楚国的力量报了魏国的大仇。

齐、魏战于马陵①，齐大胜魏，杀太子申，覆十万之军。魏王召惠施而告之曰②："夫齐，寡人之仇也，怨之至死不忘，国虽小，吾常欲悉起兵而攻之，何如？"对曰："不可。臣闻之，王者得度，而霸者知计。今王所以告臣者，疏于度而远于计。王固先属怨于赵，而后与齐战。今战不胜，国无守战之备，王又欲悉起而攻齐，此非臣之所谓也。王若欲报齐乎，则不如因变服折节而朝齐，楚王必怒矣[3]。王游人而合其斗，则楚必伐齐，以休楚而伐罢齐[4]，则必为楚禽矣。是王以楚毁齐也。"魏王曰："善。"乃使人报于齐，愿臣畜而朝。田婴许诺。

注释

①马陵：今河北大名东南。

②魏王：指魏惠王。惠施：魏相。

③楚王：指楚威王。

④罢：使疲惫。

译文

齐、魏两国在马陵交战，齐国击溃魏国，杀掉魏太子申，歼灭了魏的十万大军。魏惠王召见惠施，对他说："齐国是我的死对头，我对它的怨恨，到死都不会忘记，魏国虽小，我想动员所有兵力去攻打齐国，你看怎么样呢？"惠施回答说："不可以。我听说，王者肚量宽弘而霸者懂得计谋。如今大王告诉我的话，度量狭小而计谋不当。大王本来先和赵国结怨，然后和齐国交战。如今战事失利，国家没有守战的准备，大王又打算全力攻齐，这不是我所说的王霸风范啊。大王如果想报复齐国，就不如脱下王服，卑躬屈节去朝见齐国，楚王定会生气。大王派人游说，促使他们互相争斗，楚国必将攻打齐国，以休闲的楚国去攻打疲劳的齐国，齐定会被楚击溃，这就是大王用楚国去毁掉齐国啊！"魏王说："好。"就派人向齐国通报，愿称臣朝见齐国。田婴答应了。

原文

张丑曰①："不可。战不胜魏，而得朝礼，与魏和而下楚，此可以大胜也。今战胜魏，覆十万之军而禽太子申，臣万乘之魏而卑秦、楚，此其暴戾定矣。且楚王之为人也，好用兵而甚务名，终为齐患者，必楚也。"田婴不听，遂内魏王②，而与之并朝齐侯再三③。

注释

①张丑：齐臣。

②内：同"纳"。

③齐侯：指齐威王。

译文

张丑说："不可以。如果对魏作战没有获胜，互相朝见，与魏讲和而共同攻楚，这可以取得大胜啊。如今打败了魏国，歼灭了它十万大军，擒杀了太子申，使魏国称臣而鄙视秦、楚，齐君定然行为暴戾。并且楚王的为人，喜欢用兵而很想出名，最终成为齐国祸患的，定是楚国啊。"田婴没有听从，就接纳魏王和他一起多次朝见齐侯。

原 文

赵氏丑之。楚王怒，自将而伐齐，赵应之，大败齐于徐州①。

注 释

①徐州：今山东滕县东南。

译 文

赵国感到羞辱。楚王生气，亲自领兵攻齐，赵国响应它，在徐州大败齐军。

信陵君杀晋鄙

题 解

作出一点贡献，有了一点成绩，这只是事业的起点，决不能成为骄傲的资本。谦逊是一种美德，能使人保持头脑清醒。功成而不居，更能赢得别人的尊重。骄傲自满，沾沾自喜，常使人脑子发热，自以为是，往往埋下失败的祸根。有的人一生兢兢业业，作出许多贡献，可到了晚年，志得意满，躺在功劳簿上睡大觉，有时因为一念之差，犯下严重错误，不能保持晚节，令人惋惜，这都是骄傲所致。

"满招损，谦受益"，这是我国古代有益的格言，值得我们牢牢记取。唐雎所说，就是这个意思。

原　文

信陵君杀晋鄙①，救邯郸，破秦人，存赵国，赵王自郊迎②。

注　释

①信陵君杀晋鄙：前257年，信陵君通过魏王的爱妃如姬窃得虎符，杀掉将军晋鄙，选兵八万，在邯郸城下大破秦军。

②赵王：赵孝成王。

译　文

信陵君杀掉晋鄙，挽救了邯郸，击破秦军，保全了赵国，赵王亲自到郊外迎接他。

原　文

唐雎谓信陵君曰①："臣闻之曰，事有不可知者，有不可不知者；有不可忘者，有不可不忘者。"信陵君曰："何谓也？"对曰："人之憎我也，不可不知也；吾憎人也，不可得而知也。人之有德于我也，不可忘也；吾有德于人也，不可不忘也。今君杀晋鄙，救邯郸，破秦人，存赵国，此大德也。魏今赵王自郊迎，卒然见赵王^②，臣愿君之忘之也。"信陵君曰：策"无忌谨受教。"

注释

①唐雎：魏人。

②卒然：同"猝然"。

译文

唐雎对信陵君说："我听人说，事情有不能知道的，有不能不知道的；有不能忘记的，有不能不忘记的。"信陵君说："这话怎么说呢？"唐雎回答说："别人憎恨我，不可不知道；我憎恨别人，是不可能知道的。别人对我有恩惠，不应忘记；我对别人有恩惠，不可以不忘记啊。如今您杀掉晋

▲唐雎

鄙，挽救了邯郸，击破秦军，保全了赵国，这是很大的恩惠啊。如今赵王亲自到郊外迎接，忽然见到赵王，我希望您忘记所施的恩惠啊。"信陵君说："我恭敬地接受您的教诲。"

秦、韩战于浊泽

题 解

前314年，秦、韩爆发了浊泽之战，韩国失利。韩相公仲朋提出了倒向秦国，转而和秦联合伐楚的意见，说这样可以把祸患转嫁给楚国。

楚国谋臣陈轸要楚王作出救韩的姿态，让韩国高兴，感激楚国，以避免秦、韩的攻打。公仲也不是容易欺骗的，他看透了陈轸的用心，说如果不派人使秦而去相信陈轸的话，定会后悔。韩王不听公仲忠告，果然遭遇岸门大败，陈轸则在一旁暗自发笑。

公仲和陈轸双雄斗智，韩王把胜利送给陈轸，公仲只好徒唤奈何。

原文

秦、韩战于浊泽[1]，韩氏急。公仲朋谓韩王曰[2]："与国不可恃，今秦之心欲伐楚，王不如因张仪为和于秦，赂之以一名都，与之伐楚，以此一易二之计也。"韩王曰："善。"乃儆公仲之行，将西讲于秦。

注释

①浊泽：韩地，在今河南长葛西与禹县西北交界处。

②韩王：韩宣惠王。

译文

秦、韩两国在浊泽大战，韩军处境危急。公仲朋对韩王说："盟国是不能依靠的，现在秦国想的是攻打楚国，大王不如通过张仪与秦国讲和，送上一座大城，让秦国去攻打楚国，这是一石二鸟之计。"韩王说："好。"于是为公仲朋准备好一切，派他到秦国去谈判。

原文

楚王闻之[1]，大恐，召陈轸而告之。陈轸曰："秦之欲伐我久矣，今又得韩之名都一而具甲，秦、韩并兵南乡[2]，此秦所以庙祠而求也。今已得之矣，楚国必伐矣。王听臣，为之儆四境之内选师，言救韩，令战车满道路。发信臣，多其车，重其币，使信王之救己也。韩为不能听我，韩必德王也，必不为雁行以来③。是秦、韩不和，兵虽至楚，国不大病矣。为能听我，绝和于秦，秦必大怒，以厚怨于韩。韩得楚救，必轻秦；轻秦，其应秦必不敬。是我困秦、韩之兵，而免楚国之患也。"

注 释

①楚王：楚怀王。

②乡：通"向"。

③雁行：跟随。

译 文

楚王听说，大为恐慌，急忙召见陈轸把这件事告诉他。陈轸说："秦国一直想攻打楚国，现在又得到韩国的一座大城，并准备好了军队，秦、韩起兵南进，这是秦国多次祈求神灵所想的事，现在终于实现，楚国肯定会遭到攻打。大王听我一言，在全国调集军队，对外宣称准备出兵救韩，让战车塞满道路。同时派出使者，多备车辆，带上重礼，让韩相信楚国会救它。韩国就算不相信楚国，也将会感谢大王，定不会与秦国一起攻楚。这样，秦国、韩国不能团结一致，就算攻打楚国，楚国也不会有太大的危险。如果韩国相信楚国，不和秦国联合，秦国必定会大怒，深恨韩国。韩国得到楚国的援救，就会看轻秦国，这样对秦国的要求也不会言听计从。这样楚国就能阻挡秦、韩的军队，而免除楚国的祸患了。"

原文

楚王大说，乃偹四境之内选师，言救韩，发信臣，多其车，重其币，谓韩王曰："弊邑虽小，已悉起之矣。愿大国遂肆意于秦，弊邑将以楚殉韩。"

译文

楚王十分高兴，于是下令在全国调集军队，声称要援救韩国；派出使者，带上车辆和重礼，对韩王说："我国虽小，已经调动全国之兵来援。希望贵国下决心抵抗秦国，楚国将与韩国共存亡。"

原文

韩王大说，乃止公仲。公仲曰："不可。夫以实困我者，秦也；以虚名救我者，楚也。恃楚之虚名，轻绝强秦之敌，必为天下笑矣。且楚、韩非兄弟之国也，又非素约而谋伐秦也。秦欲伐楚，楚因以起师言救韩，此必陈轸之谋也。且王以使人报于秦矣，今弗行，是欺秦也。夫轻强秦之祸，而信楚之谋臣，王必悔之矣。"

译文

韩王大为高兴，让公仲朋停止出发。公仲朋说："不能这样。以战争之实陷我们于困苦窘迫之地的是秦，用诺言假说来援救我们的是楚。相信楚国的谎言而轻易地与强秦为敌，必定会让天下耻笑。况且，楚、韩又不是友好国家，没有共同攻打秦国的约定。秦国想要攻打楚国，所以楚国声言起兵救韩，这一定是陈轸的计策。而且大王已派人通知秦王要去和谈，现在又反悔，就是欺骗秦国。轻视强秦的威胁而听信楚王的谋臣，大王是一定会后悔啊！"

原文

韩王弗听。遂绝和于秦。秦果大怒，兴师与韩氏战于岸门①，楚救不至，韩氏大败。

注释

①岸门：在今河南长葛北。

译文

韩王没有听从公仲朋的意见，和秦国断交。秦国大怒，兴兵与韩军在岸门大战，楚国援军并没有到达，韩军大败。

原文

韩氏之兵非削弱也，民非蒙愚也，兵为秦禽，智为楚笑，过听于陈轸，失计于韩也。

译文

韩国的军队并没有削弱，韩国的人民也并不愚昧，韩军被秦军打败，行动被楚国耻笑的原因，是由于误听陈轸的谎言而没有采纳公仲朋的正确主张啊。

史疾为韩使楚

题 解

战国时期，各国竞相实行变革，以求富国强兵。北方各国的改革比较顺利，在楚国则受到守旧势力的严重阻碍，中途而废。

吴起在楚国实行变法，曾取得南平百越，北并陈、蔡的效果。后来吴起被贵戚杀害，楚国改革的成果随风而逝，国内形势大变，盗贼公行，名实混淆，史疾所言，说明楚国的局势着实让人担忧。

楚国尽管地半天下，但在和秦斗争中，连遭挫败，终致丧失抵抗能力，一再迁都，逃跑又逃跑，这和楚国高层人物不懂得"正可以治国"是分不开的。

原 文

史疾为韩使楚①，楚王问曰②："客何方所循？"曰："治列子圉寇之言③。"曰："何贵？"曰："贵正。"王曰："正亦可为国乎？"曰："可。"王曰："楚国多盗，正可以圉盗乎④？"曰："可。"曰："以正圉盗，奈何？"顷间有鹊止于屋上者，曰："请问楚人谓此鸟何？"王曰："谓之鹊。"曰："谓之乌，可乎？"曰："不可。"曰："今王之国有柱国、令尹、司马、典令⑤，其任官置吏，必曰廉洁胜任。今盗贼公行而弗能禁也，此乌不为乌，鹊不为鹊也。"

注释

①史疾：韩臣。

②楚王：不详何王。

③列子圉寇：即列御寇，又称列子，战国时郑国学者。

④圉：防御，禁止。

⑤司马：主管军事。典令：主管发布政令。

译文

史疾替韩国出使楚国，楚王问道："先生研究何种学问？"史疾回答说："钻研列子敌人侵略的学说。"楚王又问："重要的是什么？"史疾回答："看重正。"楚王说："正也可用来治国吗？"史疾回答说："可以。"楚王说："楚国的盗贼多，正可以御盗吗？"史痴回答说："可以。"楚王问："以正御盗，如何实施？"不久，有只鹊停在了屋上，史疾问："请问楚国把这种鸟称为什么？"楚王说："叫它鹊。"史疾问："称为乌鸦可以吗？"赵王回答说："不可以。"史疾说："如今大王的国内有柱国、令尹、司马、典令等官，在任用官员时，定要叫他们廉洁胜任。如今盗贼横行而不能禁止，这就是乌不成乌，鹊不成鹊啊。"

段干越人谓新城君

祸患的发生，不会突然而来，总有一个由小到大的积累过程。有远见的人，善于发现苗头，防微杜渐，不让它发展到不可收拾，段干越人和造父弟子都是这样的人。

对于个人来说，有了小的错误就要及时纠正，迷途知返。大风起于萍末，细流汇成江河，小小问题，哪怕对事情的影响只有万分之一，也不可以忽视。"不因善小而不为，不因恶小而为之"，不要忘记这两句有益的教诲。

段干越人谓新城君曰①："王良之弟子驾②，云取千里，遇造父之弟子③。造父之弟子曰：'马不千里。'王良弟子曰：'马④，千里之马也；服⑤，千里之服也。而不能取千里，何也？'曰：'子纆牵长⑥。'故纆牵于事，万分之一也，而难千里之行。今臣虽不肖，于秦亦万分之一也，而相国见臣不释塞者，是纆牵长也。"

①段干越人：魏国人。段干，复姓。越人，名。新城君：芈戎，秦相。

②王良：赵简子的驾车者，善驾车马。

③造父：周穆王的驾车者，也以善驾车马闻名。

④马：古代以四马驾车，两边是骖马，当中夹辕的是服马，此"马"当指"骖"。

⑤服：指服马。

⑥繯牵：马缰绳。

段干越人对新城君说："王良的弟子把马套好，说是要行千里，遇到了造父的弟子。造父的弟子说：'马行不了千里。'王良的弟子说：'这马是千里马，服马也是千里马，你却说行不了千里，这是为什么？'造父的弟子回答说：'你牵马的绳索过长。'牵马索对于这事来说，只占万分之一，却影响到千里马的行程。如今我虽然不才，对秦国也算是万分之一吧，可是相国您却不为我排除障碍，这就等于是驾马时牵马的绳索过长啊！"

燕　策

人有恶苏秦于燕王者

题解

前307年，齐攻占燕国十城。这时苏秦来到，为燕使齐，说服齐闵王归还十城，初试锋芒，为燕国立了大功。

苏秦的成功，招来了燕臣的嫉妒，他们语快如风，白沫四溅，躲在阴暗的角落里施放冷箭，中伤苏秦，因而苏秦在返燕时受到冷遇。苏秦以忠心而遭受笞打的侍妾为例，希望燕王能详察内情，不使自己含冤负屈。

孝廉信都是儒家充分肯定的美德，苏秦却对之提出异议，认为这些品德都偏于自我修养，而不是进取之道，可见作为纵横家的代表人物，他思想是开放和进取的。

原文

人有恶苏秦于燕王者曰："武安君[①]，天下不信人也。王以万乘下之，尊之于廷，示天下与小人群也。"

①武安君：苏秦在燕国的封号。

有人在燕昭王面前谗毁苏秦说："武安君苏秦是天下最不讲信用的人。大王以万乘大国君主的身份，屈尊礼待他，在朝廷上敬重他，这是向天下表示与小人为伍啊。"

原 文

武安君从齐来，而燕王不馆也。谓燕王曰："臣东周之鄙人也，见足下身无咫尺之功，而足下迎臣于郊，显臣于廷。今臣为足下使，利得十城，功存危燕，足下不听臣者，人必有言臣不信，伤臣于王者。臣之不信，是足下之福也。使臣信如尾生，廉如伯夷，孝如曾参，三者天下之高行，而以事足下可乎？"燕王曰："可。"曰："有此，臣亦不事足下矣。"

译 文

武安君从齐国返回，燕王不再任用他。他对燕王说："我是东周的郊野小民，前来见你，身无微功，您亲身到郊外迎接我，让我在朝廷上占居显要位置。如今我为您出使齐国，得到十城的利益，有保存危燕的功劳，您却不相信我，一定有人说我不讲信用，在大王面前中伤我。我不守信用，是您的福分。如果我像尾生那样守信，像伯夷那样廉洁，像曾参那样尽孝，有这三种天下最可贵的德行，来为你办事，可以吗？"燕王说："可以。"苏秦说："有这样的臣子，也不会来侍奉你了。"

燕
策

原 文

　　苏秦曰："且夫孝如曾参，义不离亲一夕宿于外，足下安得使之之齐？廉如伯夷，不取素餐①，污武王之义而不臣，焉辞孤竹之君②，饿而死于首阳之山③。廉如此者，何肯步行千里，而事弱燕之危主乎？信如尾生，期而不来，抱梁柱而死。信至如此，何肯扬燕、秦之威于齐而取大功乎哉？且夫信行者，所以自为也，非所以为人也，皆自覆之术④，非进取之道也。且夫三王代兴，五霸迭盛，皆不自覆也。君以自覆为可乎？则齐不益于营丘⑤，足下不逾楚境⑥，不窥于边城之外，且臣有老母于周，离老母而事足下，去自覆之术，而谋进取之道，臣之趣固不与足下合者。足下皆自覆之君也，仆者进取之臣也，所谓以忠信得罪于君者也。"

注 释

　　①素餐：无功而食。

　　②孤竹：古国名，在今河北卢龙县南。

　　③首阳之山：首阳山，在今河南偃师西北。

　　④自覆：自满。

⑤营丘：即临淄，齐国早期都城，在今山东临淄东北。

⑥足下不逾楚境：当作"楚境不逾沮、漳"。沮、漳二水在湖北汉水之西，合流后，在江陵西流入长江。

译文

苏秦接着又说："况且像曾参那样的孝子，他的行为准则是不会离开父母在外住宿一个晚上，你怎么能使他到齐国去呢？像伯夷那样廉洁，不受无功之禄，认为武王的行为不合正义，不肯做他的臣子，于是辞掉孤竹君位，饿死在首阳山。像这样廉洁的人，怎么肯步行千里来到微弱的燕国，侍奉处境艰危的国君呢？像尾生那样守信，约会的时间到了而情人没有来，河水暴涨，宁肯抱着桥柱死去，也不愿离开。守信到了这种程度，怎么会到齐国去宣扬燕、秦的威望而成就大功呢？况且守信的行为，是为自己而不是为别人，是安于现状而不是进取的途径。况且三王轮流兴起，五霸先后强盛，都是不满足现状。您认为安于现状是可行的吗？那么齐国的势力就不会超出营丘，楚国的势力也不能越过沮、漳二水，不能在边城以外去寻求发展。况且我在东周有老母在堂，去掉保守而谋求进取，我的趋向本来就和你不一致。您是安于现状的君主，我是积极进取的臣子，我就是所谓因忠信而得罪君主的人啊。"

原　文

燕王曰："夫忠信又何罪之有也？"对曰："足下不知也。

臣邻家有远为吏者，其妻私人。其夫且归，其私之者忧之。
其妻曰：'公勿忧也，吾已为药酒以待之矣。'后二日，夫至，
妻使妾奉卮酒进之。妾知其药酒也，进之则杀主父，言之则
逐主母，乃阳僵弃酒，主父大怒而笞之。故妾一僵而弃酒，
上以活主父，下以存主母也。忠至如此，然不免于笞，此以
忠信得罪者也。臣之事，适不幸而有类妾之弃酒也。且臣之
事足下，亢义益国，今乃得罪，臣恐天下后事足下者，莫敢
自必也。且臣之说齐，曾不欺之也？使说齐者，莫如臣之言
也，虽尧、舜之智不敢取也。"

译文

　　燕王问："忠信又有什么罪过呢？"苏秦回答说："您是不
了解的。我的邻居有到远方做官的人，他的妻子有了外遇。
她的丈夫快要回家，她的相好感到担忧。他的妻子说：'你不
要担忧，我已经为归家的丈夫准备好药酒了。'隔了两天，丈
夫到家，妻子叫侍妾捧着酒杯递上。侍妾知道杯里装的是药
酒，递上去就会使男主人丧命，把事情说明就会使女主人被
驱逐，就假装倒地，把酒洒在地上。男主人非常生气地殴打
了她。这个侍妾扑倒而洒酒，在上则挽救了男主人的性命，
在下则保全了女主人，忠心达到这样的程度，但仍不免遭受
责打，这就是因为忠信而背负罪名啊。我的情况与这个扑倒
洒酒的妾相类似。况且我为您办事，合乎道义而又有益于国

少 年 读 战 国 策

家，现在竟然获罪，我恐怕日后所有替您办事的人，都会丧失信心啊。并且我对齐王说的话，不是曾经欺骗他吗？要是游说齐王的人都不是像我那样进言，即使有尧、舜那样的智慧，也是不能给国家带来任何利益的。"

苏秦死，其弟苏代欲继之

题 解

　　本章由两个部分组成，上半部分写燕昭王下令求贤之后，苏秦由周至燕，和燕昭王讨论伐齐报仇的谈话。燕昭王说他对齐国有深仇大恨，寝不安席，食不甘味，誓报齐国破燕之仇。苏秦如能帮他实现心愿，他愿把国政托付给苏秦。

　　后半部分则是苏秦分析齐国灭宋后，燕国攻齐的条件已趋于成熟。一是齐在长期战争中，国力消耗，民劳兵敝。二是齐国驻守在济西，河北备燕的兵力已经抽走，边防空虚。三是苏秦可做内应，与燕军内外夹攻，可操胜算。

　　《孙子兵法·用间篇》说："燕之兴也，苏秦在齐。"可见苏秦在齐国心脏里的成功战斗，已成为间谍活动的范例，载入了不朽的《孙子兵法》。

原文

苏秦北见燕王哙曰："臣东周之鄙人也，窃闻王义甚高甚顺，鄙人不敏，窃释锄耨而干大王，至于邯郸，所闻于邯郸者，又高于所闻东周。臣窃负其志，乃至燕廷，观王之群臣下吏，大王天下之明主也。"

译文

苏秦北行去见燕王哙说："我是东周郊野的农家子，听说大王的德义很崇高，我不才，就放下农具来求见大王，到了邯郸，所听说的，又比在东周听到的评价更高。我怀着理想，来到燕国朝廷，见到了大王的众多臣下，了解大王真是天下最英明的君主。"

原文

王曰："子之所谓天下之明主者，何如者也？"对曰："臣闻之，明主者务闻其过，不欲闻其善，臣请谒王之过。夫齐、赵，王之仇雠也，楚、魏者，王之援国也。今王奉仇雠以伐援国，非所以利燕也。王自虑此则计过，无以谏者，非忠臣也。"

译文

燕王说："你所说的英明君主，是什么样的人呢？"苏秦回答说："我听说，英明的君主特别喜欢听别人指责他的错误，不愿听别人说他的好话，因此，我愿告诉大王有什么过失。齐国是大王的仇敌，楚、魏是援助大王的国家，如今大王侍奉仇敌去攻打友邦，不是对燕国有利的事。大王自己决定这样做，是错误的决策，臣下没有人劝告，可不是忠臣啊！"

原文

王曰："寡人之于齐、赵也，非所敢欲伐也。"曰："夫无谋人之心而令人疑之，殆；有谋人之心而令人知之，拙；谋未发而闻于外则危。今臣闻王居处不安，食饮不甘，思念报齐，身自削甲扎①，曰有大数矣，妻自组甲絣②，曰有大数矣，有之，乎？"

注释

①甲扎：甲，战袍。扎，甲上的叶片。

②絣：编甲的绳。

译文

燕王说："我对齐国，并不敢去攻打它。"苏秦说："没有算计别人的想法却让人心存疑虑，不安全；有算计别人的心而让人知道，笨拙；计划尚未实施就让外边知道，这是危险的。如今我听说大王寝不安席，食不甘味，一心想报复齐国，亲自裁制铠甲上的甲片，说是有定额；妻子自己搓编组甲片的绳子，也说是有定额，有这回事吗？"

原文

王曰："子闻之，寡人不敢隐也。我有深怨积怒于齐，而欲报之二年矣。齐者，我雠国也，故寡人之所欲伐也。直患国弊，力不足矣。子能以燕敌齐，则寡人奉国而委之于子矣。"

译文

燕王说："既然你都知道了，我也不敢隐瞒。我对齐有深仇大恨，想要报复，已有二年之久了。齐国是我的死对头，所以我想讨伐它，只是忧虑国家疲敝，力量不够。你能用燕国攻打齐国，我愿把国家大政交给你支配。"

原文

对曰："凡天下之战国七，而燕处弱焉。独战则不能，有所附则无不重。南附楚则楚重，西附秦则秦重，中附韩、魏则韩、魏重。且苟所附之国重，此必使王重矣。今夫齐王长主也[①]，而自用也。南攻楚五年，蓄积散；西困秦三年，民憔瘁，士罢弊；北与燕战，覆三军，获二将[②]；而又以其余兵南面而举五千乘之劲宋[③]，而包十二诸侯。此其君之欲得也，其民力竭也，安犹取哉？且臣闻之，数战则民劳，久师则兵弊。"

注　释

①齐王：齐闵王。

②"北与燕战"三句：此指前296年，齐、燕权（今河北正定北）之战。"覆三军，杀二将"，指燕军的损失。

③举五千乘之劲宋：指前286年，齐灭宋事。

译　文

苏秦回答说："天下互相攻打的国家有七个，而燕国是较弱的。单独作战则力量不够，依附哪国则该国就显得重要。向南依附楚国则楚国重要，向西依附秦国则秦国地位提高，中间依附韩、魏则韩、魏受到重视。假如所依附的国家被看重，这定会使大王举足轻重了。如今齐王算是诸侯的老大，自认为很强大。向南连续攻楚五年，积蓄受到消耗；向西连续三年困扰秦国，人民憔悴，战士疲敝；在北边和燕国交战，击溃燕军，擒获两员燕将；又率领他长期作战的部队，向南重创拥有五千辆战车的宋国，又囊括了泗水流域的一些小国。这都是梦寐以求的，但民力也因此耗尽了，还能有什么作为呢！并且我听说，多次战斗则民力辛劳，长期用兵则战士疲敝。"

原　文

王曰："吾闻齐有清济、浊河可以为固①，有长城、巨防足以为塞②，诚有之乎？"对曰："天时不与，虽有清济、浊河，何足以为固？民力穷弊，虽有长城、巨防，何足以为塞？且异日也，济西不役③，所以备赵也；河北不师④，所以备燕也。今济西、河北尽以役矣，封内弊矣。夫骄主必不好计，而亡国之臣贪于财。王诚能毋爱宠子、母弟以为质，宝珠玉帛以事其左右，彼且德燕而轻亡宋，则齐可亡已。"

注　释

①清济、浊河：济水清，黄河浊，二水皆在齐的西北境。

②长城巨防：巨防，大堤。齐长城西起平阴（今山东平阴东北），缘汶水经泰山千余里，东至琅邪台入海。

③济西：济水以西，今山东聊城、高唐一带。不役：免于征调，养兵备敌。

④河北：今河北沧县、景县一带。

译　文

燕王问："我听说齐国有济水、黄河可以作为屏障，有长城、大堤可以作为要塞，真是这样吗？"苏秦回答说："得不到天时的支持，纵有济水、黄河，哪里能作为屏障？民力疲弊，即使有长城、大堤，怎么能作为要塞？况且从前不征调济水以西的民众服役，是为了防备赵国；不动用黄河以北的部队，是为了防备燕国。如今济西、河北的兵力都已动用，国内已十分疲敝了。骄傲的君主一定不善于计谋，亡国的臣子都是贪财的。大王要真能把宠爱的儿子或弟弟送去做人质，再拿珍贵的珠玉财物去拉拢他身边的人，他将会感激燕国，并把灭亡宋国看得很容易，就可伺机灭亡齐国了。"

王曰："吾终以子受命于天矣。"曰："内寇不与，外敌不可拒。王自治其外，臣自报其内，此乃亡之之势也。"

译　文

燕王说："我将顺应天意始终信任你。"苏秦说："内乱不生，外边不能轻易行动。大王在外面策划对付齐国，我在它的内部制造混乱，这样，灭亡齐国的形势就形成了。"

燕昭王收破燕后即位

题　解

齐宣王攻破燕国后，由于燕国民众奋起反抗，各国诸侯也纷纷派出救燕的军队，齐军被迫撤退。赵国于前311年送燕公子职返国即位，是为燕昭王。

昭王复国后，面对残破的燕国，如何报仇雪耻，是个严峻的问题。他把选用人才作为首要任务，"昭王延郭隗，遂筑黄金台"，各国贤士闻风而至。昭王发展生产，振作士气，与百姓同甘共苦，燕国上下团结，气象一新。对外则与秦、三晋联合，最大限度地壮大了自己，孤立了敌人。乐毅率五国联军横扫齐国，终于完成昭王复仇的心愿。

原　文

燕昭王收破燕后即位[1]，卑身厚币，以招贤者，欲将以报仇。故往见郭隗先生曰[2]："齐因孤国之乱，而袭破燕。孤极知燕小力少，不足以报。然得贤士与共国，以雪先王之耻[3]，孤之愿也。敢问以国报仇者奈何？"

注　释

①燕昭王：名职，燕王哙之子，前311～前278年在位。

②郭隗：燕国贤人。

③先王之耻：前316年，燕王哙把王位让给相国子之，引起内乱，齐宣王秉机攻破燕国，杀死燕王哙。先王，指燕王哙。

▲ 燕昭王

译　文

燕昭王在收拾残破的燕国后登位，他谦恭有礼，用丰厚的礼品延聘贤人，打算依靠他们为国报仇。他特地去见郭隗先生说："齐国乘着我国的内乱而攻破我国。我深知燕国国小力弱，没有足够的力量报仇。但如能得到贤士和我共同治理国家，为先王报仇雪恨，这可是我的心愿啊。请问先生，怎样才能为国复仇呢？"

原 文

郭隗先生对曰："帝者与师处，王者与友处，霸者与臣处，亡国与役处。诎指而事之，北面而受学，则百己者至。先趋而后息，先问而后嘿①，则什己者至。人趋己趋，则若己者至。冯几据杖②，眄视指使③，则厮役之人至。若恣睢奋击④，呴籍叱咄⑤，则徒隶之人至矣。此古服道致士之法也。王诚博选国中之贤者，而朝其门下，天下闻王朝其贤臣，天下之士必趋于燕矣。"

注 释

①嘿：同"默"。

②冯：同"凭"。

③眄视：斜视。

④恣睢：放肆骄横。

⑤呴籍：凌辱。叱咄：大声吼叫。

译 文

郭隗先生回答说："成就帝业的国君，把贤人当作师长对待；成就王业的国君，把贤人当作朋友对待；成就霸业的国君，把贤人当作普通臣下对待；亡国的君主，则把贤人当作仆役对待。国君如能屈己奉人，像弟子一样向贤人求教，才能超过自己百倍的人就会到来。如果做事抢先而休息在后，发问在前而沉默在后，才能高出自己十倍的人就会到来。如果跟着别人亦步亦趋，才能与自己相当的人就会到来。如果身靠几案，手拄拐杖，斜眼看人，指手划脚，那么供跑腿差使的人就会到来。如果放肆骄横，对人任意凌辱，狂呼乱叫，那就只有奴隶般的人到来了。这是从古以来待奉贤者，招致人才的方法啊。大王真能广泛选拔国内的贤人，亲自登门求教，天下的贤人听到这个消息，定会赶到燕国来。"

原　文

　　昭王曰："寡人将谁朝而可？"郭隗先生曰："臣闻古之人君，有以千金求千里马者，三年不能得。涓人言于君曰①：'请求之。'君遣之。三月得千里马，马已死，买其首五百金，反以报君。君大怒曰：'所求者生马，安事死马而捐五百金？'涓人对曰：'死马且买之五百金，况生马乎？天下必以王为能市马，马今至矣。'于是不能期年，千里之马至者三。今王诚欲致士，先从隗始，隗且见事，况贤于隗者乎？岂远千里哉！"

注　释

　　①涓人：国君身边的侍从。

译 文

燕昭王说："我去拜见谁才好呢？"郭隗先生说："我听说古代有一位国君，用千金求购千里马，三年都没能买到。他身边的侍臣对他说：'请让我去寻求吧。'国君就派他去了。三个月后得到了千里马，可马已经死了，他就用五百金买下死马的头，回去向国君复命。国君非常生气地说：'我寻求的是活马，怎么去买死马而白费我的五百金呢？'侍臣答道：'死马尚且用五百金来买它，何况活马呢！天下都知道大王喜欢买好马，千里马就会来到了。'于是不到一年，买到的千里马就有三匹。如今大王真想招致贤士，请先从我郭隗开始。我郭隗尚且受到重视，何况胜过郭隗的呢？他们难道会嫌燕国太远而不肯前来吗？"

原 文

于是昭王为隗筑宫而师之。乐毅自魏往①，邹衍自齐往②，剧辛自赵往③，士争凑燕。燕王吊死问生，与百姓同其甘苦。二十八年，燕国殷富，士卒乐佚轻战。于是遂以乐毅为上将军④，与秦、楚、三晋合谋以伐齐。齐兵败，闵王出走于外。燕兵独追北入至临淄，尽取齐宝，烧其宫室宗庙。齐城之不下者，唯独莒、即墨。

注 释

①乐毅：原为中山国灵寿（今河北平山东北）人，赵灭中山，成为赵人，后入燕，成为燕国名将。

②邹衍：齐国学者。

③剧辛：赵国贤人。

④上将军：位在诸将之上，相当于统帅。

 译文

　　于是燕昭王为郭隗修建了房舍，拜他为师。接着，乐毅从魏国前来，邹衍从齐国前来，剧辛从赵国前来，贤士们争着聚集到燕国。燕昭王悼唁死去的人，慰问生存的人，和百姓同甘共苦。经过二十八年，燕国富庶，战士们安乐舒适，敢于战斗。于是燕昭王任用乐毅做上将军，和秦、韩、赵、魏等国共同策划攻打齐国。齐军被打得大败，齐闵王逃亡国外。燕军单独追击败逃的齐军，直入临淄，搬走齐国的所有珍宝，烧毁齐国的宫室宗庙。齐国的城邑，只有莒和即墨未被攻下。

公输般为楚设机

前 444 年，楚军东侵，地盘一直扩充到了泗水流域，准备北上攻宋，恰好巧匠公输般又制成了攻城利器云梯，更促成楚王攻宋的决心。

主张兼爱非攻的墨子，悲天悯人，反对非正义战争，他为制止楚国攻宋，从齐国出发，穿越楚方城防线，翻过伏牛山，取道南阳，向西南行进，步行十天十夜，脚底打起了老茧，郢都终于在望。

他一到就去拜访同乡公输般，劝他不要攻宋。他们当场进行攻防演习，公输般已无攻城之方，墨子守卫之法却还游刃有余，公输般认输，只好引他去见楚王。

墨子把楚王攻宋，比喻成患有偷窃病的人，放着自己家里的好东西不去享受，却去偷邻居的劣等品，这不是得了偷

146

窃病吗？楚王被说得无言以对，只好说："我愿放弃攻宋的打算。"

原 文

公输般为楚设机①，将以攻宋。墨子闻之②，百舍重茧③，往见公输般，谓之曰："吾自宋闻子，吾欲藉子杀人。"公输般曰："吾义固不杀人。"墨子曰："闻公为云梯，将以攻宋。宋何罪之有？义不杀人而攻国，是不杀少而杀众。敢问攻宋何义也？"公输般服焉，请见之王。

注 释

①公输般：春秋末年鲁国人，是著名的能工巧匠。

②墨子：名翟，春秋末年鲁国人，是墨家学派的创始者，主张兼爱非攻。

③百舍：百里一舍。

▲ 公输般

译 文

为楚国设计了攻城的器械，将要用来攻打宋国。墨子听说之后，步行了几千里，脚都打起老茧，去见公输般，对他说："我从宋国听说你的大名，我想请你为我杀人。"公输般回答：

147

"我是不会随便杀人的。"墨子说:"听说你制造云梯之类的攻城器械,准备用来攻打宋国。宋国何罪之有?不乱杀人却攻打宋国,这不是少杀人而是多杀人。请问攻打宋国有什么理由呢?"公输般无言以对,请墨子进见楚王。

原文

墨子见楚王曰①:"今有人于此,舍其文轩,邻有弊舆而欲窃之;舍其锦绣,邻有短褐,而欲窃之②;舍其粱肉③,邻有糟糠而欲窃之。此为何若人也?"王曰:"必为有窃疾矣。"

注释

①楚王:楚惠王。

②褐:粗布上衣。

③粱肉:精美的食物。

译文

墨子进见楚王说:"现在有这样一个人,抛弃自己的彩车,邻居有一辆破车他却想去偷;扔掉自己华丽的服装,邻居有粗布衣服他却想去偷;舍弃自己的美味,邻居有米糠他却想去偷,这是什么样的人啊?"楚王说:"他肯定是患了偷窃的病啊!"

原文

墨子曰:"荆之地方五千里,宋方五百里,此犹文轩之与弊舆也；荆有云梦，犀兕麋鹿盈之，江、汉鱼鳖鼋鼍为天下饶，宋所谓无雉兔鲋鱼者也，此犹粱肉之与糟糠也；荆有长松、文梓、楩、楠、豫樟，宋无长木，此犹锦绣之与短褐也。臣以王吏之攻宋为与此同类也。"王曰："善哉！请无攻宋。"

墨子说："楚国方圆五千里，宋国仅有五百里，这就好像彩车和破车一样；楚国有云梦泽，到处都是犀兕麋鹿等珍稀动物，长江汉水里的鱼鳖鼋鼍等珍稀鱼类是天下最多的，宋国只是一个连小兔、小鱼都没有的地方，这就好像美味和米糠一样；楚国有长松、文梓、楩、楠、豫樟这些珍贵的高大树木，宋国连普通的大树都没有，这就好像华丽的服装和粗布衣服一样。我认为大王的手下想去攻宋与此同类。"楚王说："你讲得太对了，我不会攻打宋国了。"

犀首立五王

前341年的马陵之战，使魏惠王的霸业由盛转衰，他采纳惠施的建议，和齐威王在徐州相会，互尊为王，向齐国屈服。魏、齐相王并没有让魏国摆脱困境，魏在西方又受到秦的不断攻击，丧失了河西、上郡七百里的地方。看来，单靠魏国本身的力量，无法抗御齐、秦的进攻。因此，魏惠王采用犀首广泛争取同盟的建议，约集受齐、秦、楚威胁和侵略的国家，在前323年，一起称王，联合魏、赵、韩和燕、中山五个较弱的国家，一起来抵抗齐、秦、楚三个强大的国家。

齐、秦、楚对五国联合极为仇视，极力想法破坏。齐国以中山国小为借口，不肯承认它有称王资格，想拉拢赵、魏不许中山称王，以破坏五国联合。张登为中山游说齐国大臣田婴，让他不再反对中山称王，得到田婴的许诺，加上赵、魏也没有同意干涉中山称王的计划，反而和中山更加亲善，中山称王的事，终于尘埃落定。

原　文

犀首立五王，而中山后持。齐谓赵、魏曰："寡人羞与中山并为王，愿与大国伐之，以废其王。"中山闻之，大恐，召张登而告之，曰："寡人且王，齐谓赵、魏曰，羞与寡人并为王，而欲伐寡人。恐亡其国，不在索王，非子莫能吾救。"

注　释

①犀首：魏相公孙衍。立五王：约三晋和燕、中山同时称王。

②张登：中山臣。

译　文

犀首让五国互相称王，只有中山落在最后。齐王对赵、魏说："我为与中山并立为王而羞愧，希望和你们一起讨伐它，取消它的王号。"中山君听说后大为恐慌，召见张登告诉他说："我将要称王，齐王对赵、魏说，羞与我一起称王，想讨伐我，我很怕自己的国家灭亡，并不要求一定称王，现在只有你能救我。"

原　文

登对曰："君为臣多车重币，臣请见田婴。"中山之君遣之齐，见婴子曰："臣闻君欲废中山之王，将与赵、魏伐之，

151

过矣。以中山之小而三国伐之，中山虽益废王，犹且听也。且中山恐，必为赵、魏废其王而务附焉。是君为赵、魏驱羊也，非齐之利也。岂若中山废其王而事齐哉？"

译　文

张登回答道："请给我准备车辆和重礼，我愿去拜见齐国的大臣田婴。"中山国君派张登出使齐国，对田婴说："我听说您想废除中山的王号，将和赵、魏一起攻打中山，这个打算错了。小小的一个中山却用三个国家来攻打，就算是比取消王号更严重的事，中山也会听从。如果中山害怕，必定会因为赵、魏要取消它的王号而依附它们，齐国就把中山逼到赵、魏那边去了，这对齐国是没有任何好处的，还不如让中山废除王号而依附齐国。"

原　文

田婴曰："奈何？"张登曰："今君召中山，与之遇而许之王，中山必喜而绝赵、魏，赵、魏怒而攻中山，中山急而为君难其王，则中山必恐，为君废王事齐。彼患亡其国，是君废其王而立其国，贤于为赵、魏驱羊也。"田婴曰："诺。"

译　文

田婴说："我该怎么办呢？"张登说："现在您去会见中山国君，答应他称王，中山必定会高兴而和赵、魏绝交，赵、魏一定会生气，攻打中山，中山感到危急而齐国又阻止它称王，那么中山就会恐惧，就会为了你废掉王号依附齐国。中山国君害怕国家灭亡，您在废掉它的王号后去安抚他，显然胜过把它驱赶到赵、魏方面去啊。"田婴说："好。"

原 文

张丑曰[①]："不可。臣闻之，同欲者相憎，同忧者相亲。今五国相与王也，负海不与焉[②]，此是欲皆在为王，而忧在负海。今召中山，与之遇而许之王，是夺四国而益负海也。致中山而塞四国，四国寒心。必先与之王而故亲之，是君临中山而失四国也。且张登之为人也，善以微计荐中山之君久矣，难信以为利。"

注 释

①张丑：齐臣。
②负海：指齐国。

译 文

张丑说："不可以这样。我听说，欲望相同的人会彼此憎恨，有共同忧患的人会互相靠拢。现在五国相约称王，齐国没有参与。五国都想称王，害怕齐国不同意。现在会见中山国君，同意他称王，是分散了五国的团结而增强了齐国的力量。拉拢中山而排斥四国，四国就会害怕，定会先同意中山称王而和它亲善，那么您就会因拉拢中山而失去四国的支持。况且张登善于用阴谋来讨好中山国君，他的话是难以相信的。"

原文

田婴不听，果召中山君而许之王。张登因谓赵、魏曰："齐欲伐河东①。何以知之？齐羞与中山并为王甚矣，今召中山，与之遇而许之王，是欲用其兵也，岂若令大国先与之王，以止其遇哉？"

注释

①河东：赵、魏边境。

译文

田婴不听张丑的劝告，果然召见中山国君，同意他称王。张登对赵、魏说："齐国想攻打赵、魏河东之地，怎么知道呢？齐国非常不愿意和中山共同称王，现在召见中山国君，同意中山称王，是想支配它的兵力，哪里比得上你们先同意中山称王而破坏他们的会见呢？"

原文

赵、魏许诺，果与中山王而亲之。中山果绝齐而从赵、魏。

译文

赵、魏两国同意了，果然和中山一起称王，改善了他们的关系。中山果然和齐国绝交而倒向赵、魏。